根与魂

新时代的经营王道

娄向鹏　郝北海　著

中国财富出版社

图书在版编目（CIP）数据

根与魂：新时代的经营王道 / 娄向鹏，郝北海著. --北京：
中国财富出版社有限公司，2025. 2. --ISBN 978-7-5047-8407-0

Ⅰ. F279.23

中国国家版本馆 CIP 数据核字第 2025KA4606 号

策划编辑	郑晓雯	**责任编辑**	郑晓雯	**版权编辑**	武 玥
责任印制	苟 宁	**责任校对**	卓闪闪	**责任发行**	董 倩

出版发行	中国财富出版社有限公司	
社 址	北京市丰台区南四环西路 188 号 5 区 20 楼	**邮政编码** 100070
电 话	010-52227588 转 2098（发行部）	010-52227588 转 321（总编室）
	010-52227566（24 小时读者服务）	010-52227588 转 305（质检部）
网 址	http://www.cfpress.com.cn	**排 版** 宝蕾元
经 销	新华书店	**印 刷** 廊坊市靓彩印刷有限公司
书 号	ISBN 978-7-5047-8407-0/F·3781	
开 本	710mm×1000mm 1/16	**版 次** 2025 年 3 月第 1 版
印 张	20.75	**印 次** 2025 年 3 月第 1 次印刷
字 数	259 千字	**定 价** 68.00 元

　　我经常讲，经营比管理更重要。如何让经营更有效？娄向鹏先生、郝北海先生的著作《根与魂：新时代的经营王道》给出了别具一格的答案：战略要有根，品牌要有魂！围绕根与魂，实现"经营四定"——战略定向、品牌定形、营销定势、思想定心，谋定而后动，才能提高经营效益，走上高质量发展之路。这是一套颇有中国特色的经营哲学和战略品牌方法论，值得企业经营者参考和借鉴。

　　——宋志平　中国上市公司协会会长，曾同时担任中国建材
　　　　集团、中国医药集团董事长

　　百年变局，变革加速演进；大争之世，竞争空前激烈。新格局、新形势在给企业经营和转型发展带来挑战的同时，也蕴含着难得的机遇。新形势下，企业特别是传统企业如何化挑战为机遇，《根与魂：新时代的经营王道》给出了明确的答案：战略寻根，品牌找魂！书中以生动的案例、深刻的道理、通俗的语言，解疑释惑、传道授业。相信那些正在经历转型困惑和经营之难的企业，可以从中收获深刻的启迪，找到新时代的经营王道。

　　——侯云春　中国企业评价协会会长、国务院发展研究中心
　　　　原副主任

　　新时期的企业经营需要新的商业理念和新的经营方略，向鹏老弟扎根中国文化深厚土壤，立足中国企业的伟大实践，用一本《根与魂：新时代的经营王道》，建构出新时代的经营王道：战略寻

根、品牌找魂！致力探索和创建中国特色的经营哲学和战略品牌营销方法论，可喜可贺！从论成败到论是非、从看结果到看因果，寻根找魂既是经营的本质要求，也是经营者至关重要的职责。期待更多的中国企业走上有根有魂的高质量发展之道。

——刘东华 正和岛创始人兼首席架构师、中国企业家俱乐部创始人

在高质量发展的新时代，企业家也面临全新的抉择和考验。娄向鹏的新著《根与魂：新时代的经营王道》，提出新时代的经营王道：战略寻根，品牌找魂！并以此实现"经营四定"，谋定而后动，推动企业迈上高质量发展道路。这是一套中国特色的经营哲学和战略品牌营销方法论，相信能给广大企业家带来思考和帮助。

——秦朔 中国商业文明研究中心联席主任、《南风窗》《第一财经日报》原总编辑、"秦朔朋友圈"发起人

放下《根与魂：新时代的经营王道》的书稿，我意犹未尽、回味无穷，对书中很多观点有深深共鸣。回看我管理过和正在管理的两家企业，无论是云天化集团的从"推改革"到"成标杆"，还是云南白药的从优秀到卓越，都是基于战略之根，只有战略的根深才能干壮，干壮才能枝繁，枝繁才能叶茂。书中讲到的基业长青的伟大企业，无不是聚焦根与魂，持续提升核心竞争力。这本书值得企业家们阅读，相信大家一定会有很大的收获。

——张文学 云南白药集团股份有限公司党委书记、董事长

娄向鹏先生以其深厚的行业经验和敏锐的市场洞察力，精准地指出了当下企业普遍面临的困境。他提出的"战略寻根，品牌找

魂"理念，无疑为迷茫中的企业点亮了一盏明灯，通过"经营四定"，娄先生为我们构建了一个系统的经营框架。更为难得的是，他还强调了思想定心的重要性，这是企业持续发展的内在动力。

在我看来，《根与魂：新时代的经营王道》不仅是一本关于经营策略的书，更是一本关于企业经营哲学的书。它特别强调了"中国话语体系"的构建和"中国经营智慧"的输出。在全球化的今天，我们不仅要学习国际先进的经营理念和管理方法，更要挖掘和传承我们自己的经营智慧和文化底蕴。只有这样，我们才能在世界的舞台上展现出独特的中国风采。

作为百果园集团的董事长，我深知企业经营的不易。但我也相信，"根深叶茂，魂聚力强"，只要我们能够像娄先生所倡导的那样，坚守企业的根与魂，就一定能在复杂多变的市场环境中找到属于自己的发展道路。

因此，我强烈推荐每位企业家和经营管理者都读一读《根与魂：新时代的经营王道》这本书，相信它一定会给大家带来不一样的启示和收获。

——余惠勇 深圳百果园实业（集团）股份有限公司董事长

立足中国经济和中国企业40多年的伟大实践，立足22年战略品牌营销咨询的具体实践，娄向鹏先生系统总结提炼了一套完整、务实、简明的新时代经营王道——根与魂，从企业经营的底层逻辑和顶层设计架构试图构建具有中国特色的经营哲学和战略品牌方法论，其智慧、勇气、情怀令人敬佩。这本书是实践的沉淀和智慧的结晶，推荐大家阅读！

——袁浩宗 北京首农食品集团有限公司总经理、北京三元食品股份有限公司董事长娄向鹏先生和福来咨询深耕战略品牌营销领域研究多年，对中国企业的战略引领、营销策划、品牌建设有深刻的理解和洞察。其所创立的"战略寻根、品牌找魂"方法论，可以帮助很多企业解决战略方向不清、品牌意识不足的问题。面对目前新质生产力和高质量发展带来的新机遇、新形势，企业需要在战略和品牌上下笨功夫、长功夫。找到战略之根才能不忘初心，确保发展方向正确；培育品牌之魂才能目光长远，为企业注入强大内驱力，实现基业长青！《根与魂：新时代的经营王道》是一本理论结合实际、值得一读的好书。

——**刘兴旭** 河南心连心化学工业集团股份有限公司董事长

16年前认识福来团队，中间合作过几次，2023年还和我们的酒业公司合作，在这个过程中团队每个人都很努力，更重要的是福来团队能真正解决品牌和渠道上的困惑。《根与魂：新时代的经营王道》是娄向鹏先生又一大作，完整构建了"战略之根和品牌灵魂是基础，渠道是关键，决胜在终端"的战略品牌营销方法体系。书中的每个案例都是干货，让更多企业少走弯路。实践是检验真理的唯一标准，这就是本书的魅力。

——**高进华** 史丹利农业集团股份有限公司董事长兼总裁

在这个竞争激烈的时代，传统行业和新兴产业跌宕奔涌，各家企业都想跑得更快、做得更好，却面临着巨大的压力和挑战。这本书基于当下的这些商业现象，站在行业多年实践者和观察者的视角，提醒企业相比于快和大，跑得更稳健、做得更长久才是真谛。福来通过20多年的市场实践和对大量品牌案例的剖析研究，提炼出根与魂的经营方法论，寻企业的根、找品牌的魂。审视企业所有、认清品牌所处，道不远人，谋定而聚智定心。《根与魂：新时代的经营王道》不只是方法论，更辅以详尽的配称工具，很适合企业家和经营管理者参阅思考。

——**孙锋** 仲景宛西制药股份有限公司董事长、仲景食品股份有限公司董事长

企业成功的核心基因之一就是专注自己的主业不偏离、不动摇，坚持在自己熟悉的领域里深耕细作，将主业的根扎深，将企业的魂铸牢。要始终坚守发展初心，扎实发展根基，不要想法太多，不要跑得太快，不要跨度太宽。《根与魂：新时代的经营王道》把这些观点讲得很透彻、很系统，这给企业界人士提供了很好的参考，帮助大家确保自己的企业走在正确的轨道上，行稳致远。

——**马相杰** 河南双汇投资发展股份有限公司总裁

向鹏兄著作等身，令人钦佩，过去《品牌农业》系列书籍堪称行业经典，新作《根与魂：新时代的经营王道》的问世，又为广大读者特别是企业管理者提供了宝贵的智慧源泉。

安井食品扎根速冻赛道20余载，也一直在坚守"食以民为天"的理念和"让美味更安心"的使命，为广大消费者提供安全、健康、绿色的食品，这既是我们追寻的"根"，也是我们守护的"魂"！

——**张清苗** 安井食品集团股份有限公司总裁

向鹏老友在实践之余一直笔耕不辍、著述颇丰，甚是敬佩！他的新作《根与魂：新时代的经营王道》构建了以根与魂为核心的完整而简明的企业经营底层逻辑和顶层架构，系统阐释了涵盖战略、品牌、营销和思想的完整理论体系和实践指南，是一套中国特色的

经营哲学和战略品牌营销方法论，任何经营者读了都会深有感触并获益良多。

——陈绍鹏 联想控股高级副总裁、佳沃集团董事长兼总裁

习近平总书记在多个场合强调，教育要"培根铸魂、启智润心"。新时代的产业发展和企业经营亦是如此，也要有根有魂。娄向鹏先生的新作《根与魂：新时代的经营王道》，为新时代的经营者们指明了高质量发展之道：战略寻根，品牌找魂！这是一套基于中国市场和中国文化的全新商业理念和经营方略，有很强的参考意义和指导价值，值得大家好好阅读和借鉴。

——刘仲华 中国工程院院士、湖南师范大学校长

《根与魂：新时代的经营王道》用言简意赅又颇具哲理的语言勾勒了企业经营的底层逻辑，直击企业战略和品牌营销的本质，兼具思想深度和理论张力，是一部值得推荐的力作！

——符国群 北京大学光华管理学院教授、北京大学中国
低碳发展研究中心主任

在竞争越来越激烈的今天，企业究竟该如何竞争才能脱颖而出？两位专注中国市场的资深战略品牌营销专家，根据许多商业实战案例，提出了"战略寻根、品牌找魂"的思想。对于广大企业家和企业高管来说，《根与魂：新时代的经营王道》这本书值得一读。

——郑毓煌 清华大学经管学院博士生导师、哥伦比亚大
学营销学博士、世界营销名人堂中国区评委

品牌是建设农业强国的灵魂。娄向鹏、郝北海的新著《根与魂：新时代的经营王道》，为我们描绘了新时代产业（企业）经营和品牌建设的底层逻辑与顶层设计架构。"战略寻根、品牌找魂"，这是源于中国深厚农耕文明的经营智慧，不仅对建设农业强国至关重要，对新时代产业经济和企业高质量发展更是弥足珍贵。

——**孔祥智** 中国人民大学教授、博士生导师，中国合作
社研究院院长

中国经济已进入高质量发展的新时代，新时代的经营之道就是做"战略有根，品牌有魂"的事，并围绕根与魂进行资源配置和激光穿透式的品牌传播。这是娄向鹏先生在《根与魂：新时代的经营王道》中提出的战略品牌方法论，以国际视野融汇东方智慧和中国实践，精准把握时代之变和经营之本，为中国企业的转型升级和高质量发展指明了方向，很有指导意义和参考价值。

——**丁俊杰** 中国传媒大学教授、博士生导师，国家广告
研究院院长

《根与魂：新时代的经营王道》一书不仅凝聚了作者长期为中国企业提供战略咨询取得的卓越实效的思想成果，也体现了21世纪以来中国企业高质量发展取得的重大进步。该书的思想成果具有学理上的科学性，推荐大家阅读。

——**何佳讯** 华东师范大学教授、博士生导师，国家品牌
战略研究中心主任

世界经济正经历百年未有之大变局，新一轮科技革命和产业变革加速演进，不确定性和危机感寸步不离，企业家时时面临战

略抉择和命运考验。如何应对这一挑战？两位长期专注中国市场实践的品牌专家，提出新形势下的经营之道：战略寻根，品牌找魂！《根与魂：新时代的经营王道》是一本融合了中国智慧和战略洞见的著作，具有较大的实践指导价值，值得大家阅读和学习。

——**彭志文** 北京邮电大学人工智能生态系统研究所（AIEI）所长、博士生导师，人工智能治理专家

娄向鹏先生是我的老朋友，他是中国营销界少有的实战和理论功底"双高"的专家！老娄在《根与魂：新时代的经营王道》中提出的"战略寻根，品牌找魂"，是对当今企业经营本质的深刻洞察和对企业品牌战略的根本性指引！我也一直认为，在品牌营销硝烟弥漫的数字化时代，当品牌都在忙于"种草"营销之时，千万不能忘记保持品牌之树长青就必须"种树"——构建战略之根与品牌之魂。老娄以众多著名品牌案例为切入点，剖析中国企业发展历程，并提出根与魂方法论：战略寻根，明确事业地盘；品牌铸魂，引发消费者心智共鸣。书中更有"经营四定"的落地指导，助企业家拨云见日，在迷茫时代找到方向，实现可持续发展。我强烈推荐！

——**曹虎** 科特勒咨询集团全球合伙人、中国区及新加坡区总裁

《根与魂：新时代的经营王道》是企业家在新时代破局重生的指南。作者娄向鹏先生凭借20余年深耕市场的经验，深刻揭示了"战略寻根，品牌找魂"的经营真谛。作为一名历经艰辛的创业者，我的创业历程便是最好的印证，因此，阅读此书后产生了强烈

共鸣。书中的"经营四定"不仅提供了坚实的理论基础，更是实践中的行动指南，引领企业从野蛮生长走向稳健前行。深根固柢，方能行稳致远。此书必将助力企业家们在新时代乘风破浪，共创辉煌未来。

——**王强众** 全国人大代表、江苏共创人造草坪创始人、江苏百斯特集团董事长

在大数据、人工智能、生物技术日新月异的今天，技术革新虽快，但企业的根与魂始终是引领我们前行的灯塔。《根与魂：新时代的经营王道》深刻诠释了坚守初心、舍九取一、力出一孔的战略智慧，为富邦科技的转型之路提供了坚实的理论支撑和实践指导。此书不仅是企业家的必读之作，更是我们不忘初心、迈向未来的行动指南。强烈推荐！

——**王仁宗** 湖北富邦科技股份有限公司董事长

作为一名中国农业品牌创造的实践者，最近读了娄向鹏先生、郝北海先生所著的《根与魂：新时代的经营王道》，思考十月稻田的根与魂。战略就是做有根的事，十月稻田始终围绕厨房消费场景全链路创造价值。

我非常认同书中讲的：战略寻根要看"三面镜子"，望远镜看趋势、透视镜看竞争、放大镜看自身。企业家一定要耐得住性子，找准自己的定位然后坚持下去。

品牌上天入地，用根与魂统领内外资源。上天配称：抢占行业制高点。比如虽然线上流量获取成本越来越高是不争的事实，但是也处在一个相对公平的环境中。它高你也高，企业只需要把自己的"账"算明白，综合调整，最大限度地做一些营销赋能和创新。入

地配称：修炼根源竞争力。把产品品质和渠道效率提起来，实际也是对4P理论的本质思考。

《根与魂：新时代的经营王道》这一新作，相信读者容易体会，更易于借鉴，此书能够帮到创业者战略寻根，品牌找魂！

——**王兵** 十月稻田集团股份有限公司联合创始人、董事长

每个品牌都像一粒种子，初心便是泥土下的根，从开始的那一刻就注定了未来的样子。如何让这粒种子长成一棵大树，是企业经营永恒的课题。娄向鹏先生的这本《根与魂：新时代的经营王道》为当代企业经营者提供了新的参考，无论外界如何喧嚣，坚守企业的"根"——基于初心谋战略，守住产品谋发展，是穿越经济周期的坚固城墙。而品牌的"魂"，是企业与消费者情感连接的桥梁，是同一舞台交相辉映的唱和。在巴奴20余年的发展历程中，我们深刻体会到，唯有寻根找魂，方能在大浪淘沙中屹立不倒，成就自己的传奇。愿以此书与更多的企业经营者共勉，自知其心，其路也明。

——**杜中兵** 巴奴毛肚火锅创始人、董事长

《根与魂：新时代的经营王道》一书，深刻剖析了企业长青之道，以"战略寻根、品牌找魂"为核心精髓，形成了一套涵盖战略、品牌、营销的系统理论体系。书中不仅揭示了精准战略定位对企业发展的根本性作用，更强调了在快速变化的市场中，如何为品牌注入灵魂，这是一部融合智慧与洞见的经营宝典，指导企业在新时代浪潮中稳健航行，实现可持续发展。

——**孙剑** 郑州千味央厨食品股份有限公司董事长

《根与魂：新时代的经营王道》中"战略寻根，品牌找魂"的核心观点使我有强烈共鸣，在发展中扎根，在经营中找魂。爱菊经历90年沉浮，从解放前一家面粉厂发展成今天的农业产业化国家重点龙头企业。经营企业30余载，坚守主业之根，定位企业品牌之魂，是作为掌舵人的我，始终要面对和回答的问题。这本书阐述了在波谲云诡的大环境下，企业围绕根与魂，实现"经营四定"，从战略、品牌、营销、思想等多维度构建企业经营底层逻辑和顶层设计，为企业实现高质量发展提供理论支撑，给予企业经营变革以方法论的参考借鉴。欢迎大家一起学习。

——**贾合义** 西安爱菊粮油工业集团有限公司董事长

中华农耕文化作为中国传统文化的重要组成部分，被誉为中华优秀传统文化的根。农业自古被誉为"广阔天地，大有作为"，但农业品牌的培育实属不易，多年来，感谢娄向鹏先生长期致力中国农业品牌建设的研究与实践，成就了一批优秀区域公共品牌和企业品牌，被誉为"中国品牌农业第一人"。

当今时代，同质化竞争趋于白热化程度，各行各业都在"卷"，中小企业尤为严重，究其本质，还是缺少战略思维和品牌意识。娄向鹏先生的著作《根与魂：新时代的经营王道》，站在更高维度，用丰富的经验，为企业经营者提供了一套系统方法论，值得我们学习和实践。

——**郝向峰** 百瑞源枸杞股份有限公司董事长、宁夏枸杞协会会长

市面讲战略与品牌的书很多，《根与魂：新时代的经营王道》难得把企业经营的根和结合中国文化的品牌战略定位之魂结合进行

阐述。尤其是书中把多位历史人物和哲学家的思想观点集萃，并把实战案例融入书中，强调思想的重要性，为读者提供了关于企业经营战略定位、思想定心以及行为贯彻的全面视角和深刻见解。阅读本书的最大收获在于能够通过理论和案例分析，获得关于企业战略定位、品牌建设、市场营销、企业家精神、文化价值观以及思想与行动统一的深刻理解和实用指导，值得推荐。

——**张彬** 著名职业经理人、九牧集团品牌副总裁

拿到娄老师的新作《根与魂：新时代的经营王道》，我先睹为快，深有感触。此书为中国企业尤其是中小企业指明了高质量发展之道。合作多年来，娄老师团队不仅为兰格格制定了"草原酸奶"的根与魂，还一直督导我们要思想定心，"一张蓝图绘到底"，这让我们受益匪浅。娄老师经常说兰格格一定要做一家小而精、小而美、小而久的企业，这和我们"深度一公分，宽度十公里"的理念高度契合，我非常赞成，并且我们也努力这样做了，坚定不移，可以说兰格格从无到有，由弱变强，每一年都在蒸蒸日上，高速发展。非常感谢娄老师团队的鼎力相助，更祝愿更多的中小企业在本书的指引下，找到自己的根与魂。

——**崔继平** 内蒙古兰格格乳业有限公司董事长

根与魂：新时代的经营王道

● 恒大与华为：中国企业的两大历史样本

这是一则轰动性事件：

2023年9月28日，中国恒大在香港联交所发布公告，宣布恒大创始人、董事局主席许家印因涉嫌违法犯罪，已被依法采取强制措施。2024年3月18日，中国证监会发布告知书称，许家印因决策并组织实施财务造假，手段特别恶劣，情节特别严重，证监会决定对其采取终身证券市场禁入措施。

至此，许家印的一切标签都将沉入历史烟海。恒大，一个集地产、金融、互联网、健康、旅游、文化、体育、农牧、光伏、新能源汽车等于一体的巨无霸企业，大而不强，不再永恒。这让人不由想起《桃花扇》中的一句百年感慨："眼看他起朱楼，眼看他宴宾客，眼看他楼塌了。"

而在2023年8月29日，也就是美国商务部长雷蒙多访华期间，另一则新闻石破天惊：

华为Mate 60 Pro——全球首款支持卫星通话的大众智能手机悄然上线，搭载鸿蒙操作系统4.0，接入盘古人工智能大模型，嵌入麒麟9000S芯片，自主研发、自主设计、自主制造，完全自主知识产权，拥有超5G网速，有近乎完美的功能和体验！

此处无声胜有声，一机激起全球浪！华为成功强势霸屏，华为Mate 60 Pro出现消费者排队购买、加价购买、持续断货等情况。

2019年5月，美国商务部将华为纳入"实体清单"，华为遭遇了现实版的杀人诛"芯"，遭遇了有史以来最大的危机。

2023年年底，华为经营基本回归常态，收入超过7000亿元，年度分红约770亿元，再次震惊世界。

4年7个月，华为以一己之志和全国之援，突破全方位的打压、封锁，扛住了一个又一个灭顶之灾，凤凰涅槃、浴火重生。

如果非要为华为总结一句话，那非尼采语录莫属："但凡不能杀死你的，最终都会使你更强大。"

若干年后回望历史，回望2023年，回望中国企业发展史，华为与恒大冰火两重天，像两个截然相反的时代标本，勾勒出中国企业的历史"分水岭"，昭示着中国企业经营理念和经营逻辑的大拐点已经到来。

● 根与魂方法论

当今世界正经历百年未有之大变局。

一方面，科技革命浪潮来临、新兴经济体崛起；另一方面，民粹主义和贸易保护主义抬头、逆全球化思潮涌现、经济脱钩断链、贫富差距扩大、经济增速放缓、国际政治军事摩擦频发等，这些将导致自第二次世界大战以来全球经济和政治格局的转型与重塑。

站在大历史观的角度看，改革开放以来，中国经济经历了40多年的高速发展，中国企业也充分享受到了狂飙突进的时代红利和野蛮生长的成功快感。只要有眼光、有胆量，就无所不敢、无所不能。我们习惯了繁荣、习惯了速度、习惯了规模，似乎一切都是理所当然的，以致**想法太多、摊子太大、步子太快、杠杆太高的"四太病"**像流行性感冒一样在中国企业界肆意横行。

然而，严峻的现实告诉我们，盛年不重来，一日难再晨。中国经济开始步入一个产能过剩、"内卷"白热化、新旧动能转化、转型升级、需求减弱、增长降速的经济大周期和历史新节点。**企业普遍感到经营压力巨大，过去曾经成功的商业逻辑和经营方略好像一下子失灵了，生意越来越不好做了，不确定性和危机感寸步不离，困惑和迷茫如影相随，企业家时时面临战略抉择和命运考验。**很多企业陷入"其兴也勃焉，其亡也忽焉"的宿命，恒大式悲剧和"四太病"比比皆是。

与此同时，新质生产力、高质量发展、"三个转变"（中国制造向中国创造转变、中国速度向中国质量转变、中国产品向中国品牌转变）、长期主义与专业主义成为新价值取向。中国出口"新三样"（新能源汽车、锂电池、光伏产品）、中国出海"四小龙"[SHEIN（希音）、速卖通、Temu、抖音国际版]在国际市场攻城略地，DeepSeek、宇树科技、华为、比亚迪、宁德时代、小米、福耀玻璃等标杆企业频频征服世界，安踏、李宁、波司登、卡萨帝、三一重工、云南白药、东方树叶、元气森林、飞鹤奶粉、海底捞、方太、九牧、百雀羚等品牌越来越受欢迎。

毫无疑问，中国经济发展和企业经营都进入了一个新时代。

接下来，怎么办？

早在1954年，现代管理学之父彼得·德鲁克就在其代表作《管理的实践》中提出了经典"三问"：

（1）我们的事业是什么？

（2）我们的事业将是什么？

（3）我们的事业应该是什么？

这和"我是谁？我从哪里来？我要到哪里去？"一样，被誉为"灵魂三问"。这是认知之问、生存之问、发展之问，也是经营的底层逻辑。

到底做什么、不做什么？先做什么、后做什么？路径如何选择？资源如何配置？优势如何建立？

老子曾在《道德经》中留下永恒的启迪："夫物芸芸，各复归其根。归根曰静，是谓复命。复命曰常，知常曰明。"意思是万事万物都要回归根本，方能探寻规律和原则，明白长久之道。

恒大的悲剧并非个案，中国企业的"四太病"是表证，德鲁克的"灵魂三问"是把脉问诊，追根溯源是"战略无根，品牌无魂"，这是病根。

战略要有根，那战略之根是什么呢？

战略之根，是生存和发展的根基，是安身立命的事业地盘。它明确了做什么、不做什么，以及先做什么、后做什么。

而且，不做什么往往比做什么更重要。正如《道德经》所言：少则得，多则惑。

德鲁克认为问"我们的事业是什么"等同于问"我们的使命是什么"。使命是企业存在的理由，它回答了"我们的事业是什么"。明确的使命陈述，是企业有效设定目标和制定战略的关键。而战略之根则是企业生存和发展的根基，是经营的原点。

虽然很多企业看上去有美好的使命和远大的愿景，却没有自己安身立命的事业地盘。在市场竞争中，要么头破血流、一地鸡毛，要么树大无根、风雨飘摇。它们只看到了成功企业的"诗和远方"，却不知其背后有坚实的战略根基。

华为凭什么扛住了灭顶之灾？

任正非曾说："20多年来抵制各种诱惑，是华为最大的困难。"两耳不闻窗外事，一心只盯电路板。在互联网、金融、房地产"热浪"一波赛过一波的时候，华为人仍坚守通信制造行业这一主航道，拒绝机会主义。即便是2021年最困难的时期，华为依旧拿出了超1400亿元投入科研。

"向下扎到根，向上捅破天！"这就是华为屹立不倒的事业密码，这就是华为持之以恒的经营王道。

福耀扎根玻璃产业30余年，其创始人曹德旺被誉为"玻璃大王"。前些年，一些富起来的老板纷纷买矿山、做房地产，追逐暴利，有人劝曹德旺搞多种经营，但他不为所动。曹德旺说："这是我的责任，他们做他们的，我只做玻璃。什么都做，反而最后可能什么都做不好。"

大就是小，小就是大；多就是少，少就是多；快就是慢，慢就是快。大道至简，有舍才有得，这是最朴素的经营哲学，也是经营企业必须扣好的"第一粒纽扣"。**找准战略之根，明确品类边界、市场边界和生态边界，找到属于自己的事业地盘，有所不为，才能有所作为。**

根基不牢，地动山摇。

恒大、海航、乐视、尚德、雨润、汇源、维维、康美、春都、巨人、春兰、德隆等，正是因为战略无根或根基不牢，导致"大厦"倾斜和坍塌。

"根"、"安身立命"和"地盘"都是颇具中国文化特色的词汇。中国的"根"文化源远流长，如寻根问祖、落叶归根、根深蒂固、追根溯源、归根结底、根深叶茂等，皆是"根"文化的体现。只是受西方商业文明和话语体系影响，我们丢掉了企业战略的中国式解读。

战略有根，才有方向有目标，才能生长延续，才能厚积薄发，才能根深叶茂、无惧风雨、行稳致远。从经营实践来看，**战略有根有三大好处：经营不纠结、资源不浪费、竞争不乏力。相反，战略无根，则会导致想法多、做不强、长不大、活不久。**

战略寻根，是通过"三面镜子"，从趋势、竞争、自身三个维度进行检索、思考、判断、决策的过程。

再说说品牌灵魂。

老子曰："圣人无常心，以百姓心为心。"孟子说："得民心者得天下。"王阳明悟道："心外无物。"

三位圣人都在强调的"心"，放在今天的企业经营上就是指消费者的心，一切以消费者为中心，研究消费者心理，与消费者产生心理共鸣，形成消费动因，创造并实现消费者价值。

这就是福来咨询倡导和定义的品牌灵魂：**基于消费集体意识洞察，直击消费者的强大心智共鸣和消费动因，是决定品牌现实与未来的竞争原力。品牌灵魂是始终忠实于人心的品牌方法论。**

在汉语中，"灵魂"一词有精神、思想、感情、人格、良心，以及比喻事物中起主导和决定作用的因素等多重含义。所以，品牌灵魂是一个非常美妙的词，把品牌的本质、意义和作用都说透彻了。

每个品牌都要有灵魂，魂立则心动。没有灵魂的品牌如行尸走肉，难以存活于消费者的心中。品牌就是要有血、有肉、有灵魂！

打造品牌，一定先是品牌在消费者的心里有胜算了，再到市场里攻城略地，这就是做品牌的本末关系，先入心是本，再入市是末，攻心为上，攻城为下！

品牌有魂有三大好处：其一，让价值更入心；其二，让传播更高效；其三，让资本更青睐。

苹果公司以"非同凡想"独步天下，小米手机以"极致性价比"突出重围，茅台以"国酒"荣耀登顶，李宁以"中国精神"涅槃重生，农夫山泉以"天然水"独占鳌头，元气森林以"0糖健康"后来居上，心连心以"高效肥"逆势飞扬，仲景以"好药材"创造经典……

这就是品牌灵魂的力量。

战略决定命运，品牌决定效益。中国经济进入高质量发展的新时代，新时代的经营之本就是做战略有根、品牌有魂的事。**根与魂是经营的任督二脉，打通，则目标更明确、竞争更有力、事业更长久。**

根与魂，是新时代的经营王道，也是福来特有的方法论（见图0-1）。

图0-1　根与魂

寻根找魂，是经营者最重要的两大职责。

● **"经营四定"：谋定而后动，不走弯路、错路、回头路**

"谋定而后动""知止而有得"，这是《大学》和《孙子兵法》给我们留下的智慧。

我们可以看看自己公司的营业执照，几乎所有公司都是"有限公司"，这是一个绝妙的隐喻：**任何公司都是认知有限、能力有限、资源有限、精力有限的，如果什么都想干，可能什么都干不好。**

所以，要先"知止"，知道判断大势，知道自身的能力边界和事业边界，知道做什么、不做什么，先做什么、后做什么，找到自己安身立命的事业地盘，也就是战略之根。

同时，要回归经营的本质，这也是彼得·德鲁克反复强调的：企业的终极目的，也是经济活动的终极目的，即创造消费者。

创造消费者，就是要以消费者为中心，研究消费集体意识，找到能够直击消费者的强大心智共鸣和消费动因，也就是品牌灵魂。

而后"有定"。围绕根与魂，进行战略定向、品牌定形、营销定势、思想定心，绘制一次做对、一次做全、清晰明确的经营蓝图。

一是战略定向。志有定向，业有道途。战略定向就是以根与魂为核心，确定事业方向，明确做什么和如何赢，建立"先胜后战"的竞争优势。战略定向是设定战略目标，布局业务组合及实施路径，配套关键配称的整体战略部署。如美国西南航空以"经济舱"创造非凡经济效益，华为20万人只对准一个城墙口冲锋，福耀30余年一心一意只做汽车玻璃，老干妈以一瓶辣酱打天下，字节跳动用算法链接世界，等等。

二是品牌定形。言之有物，示之有形。品牌定形就是确定可言说、可识别、可感知的品牌之形，建立百年不变的品牌资产，形成"入眼入心"的品牌偏好。品牌定形是以根与魂为核心，进行品牌话语体系和品牌图腾体系的创意和设计，创建最核心的品牌资产。如耐克用"Just do it"征服世界，星巴克用"第三空间"温暖人心，茅台用"飞天"飞上峰巅，宁夏枸杞以"道地"占据高地，仲景食品用"采蘑菇的小姑娘"构建永恒的品牌主角，等等。

三是营销定势。《孙子兵法》中说："善战者，其势险，其节短。""善战者，求之于势，不责于人，故能择人而任势。"营销定势就是要在消费者心中制造一种强大的声势。成功的企业往往善于制造声势（占据制高点），一旦发动进攻，则势不可挡，胜不可逆。其关键要素是灵魂产品、利益链分配、主战渠道和激光穿透。如特斯拉的产品之势在 Model Y 这一灵魂产品上，小米手机的价格之势在极致的利益链分配上，王老吉的渠道之势在重兵投入的火锅餐饮店这一主战渠道上，横州①茉莉花的宣传之势在举全市之力创办世界茉莉花大会这一激光穿透上。

四是思想定心。如何将经营蓝图一步步变成基业长青的事业版图？关键是"静安虑得"，即心静不妄动，随遇而安，虑事周详，最终得其所求。一言以蔽之，企业家要做到思想定心，方能万事从容。王阳明在江西平乱取得重大军事胜利后，被学生问及用兵有什么技巧，王阳明回答：哪里有什么技巧，只是努力做学问，养得此心不动。**胜负之决，只在此心动与不动。**如华为多年来"两耳不闻窗外事，一心只盯电路板"；《哪吒之魔童闹海》五年磨一剑，成就东方电影神话；东方树叶亏损8年才苦尽甘来，年零售规模破百亿；心连心12年如一日坚守"高效肥"，收入从37亿元增长到超230亿元。

一切是思想，思想是一切！福来开创了咨询先从思想咨询开始，用思想贯穿咨询全过程的咨询方式。思想既是经营哲学，也是经营起点，从思想贯通着手，到行为贯彻，再到一以贯之，从而达到知行合一。

战略定向、品牌定形、营销定势、思想定心，福来称之为新时代的"经营四定"。围绕根与魂，上定向、下定心，左定形、右定势，不纠结、不妄动、不折腾、不内耗。上下同欲、内外同心、知行合一，一张蓝图绘到底。谋定而后动，则无往而不胜。以此为基础，形成福来根与魂经营罗盘（见图0-2）。

---

① 原横县，2021年撤县改市。

图0-2　根与魂经营罗盘

　　这是本书的核心所在，创造性地构建了完整、简洁的经营基本逻辑、顶层设计和底层架构。这也是福来方法论的独特之处，以"战略寻根，品牌找魂"为核心，涵盖战略、品牌、营销和思想的系统理论指引和实践指南，是一套深入客户经营，了解客户事业，设计并升级客户经营，让客户少走弯路的方法体系；并通过持续改善、长期服务，不断为客户创造价值，助力客户永续经营，基业长青。

● 用根与魂方法论推动中国企业的伟大崛起

　　1984年，借助改革开放的春风，海尔、联想、万科、正泰、健力宝等企业纷纷成立，一派百舸争流、千帆竞渡之势，被誉为"中国现代企业元年"。1984年也是中国经济创造奇迹与中国企业迅猛生长的开始。

　　2023年，恒大的惊天危机与华为的世界突围，构成中国企业的历史"分水岭"和时代大拐点。

前后跨越40年。

品牌强，则企业旺；企业旺，则国家兴。从现在起至2049年，是我们"全面建成社会主义现代化强国、实现第二个百年奋斗目标"的关键阶段，也是中国企业高质量发展和伟大崛起的重要战略机遇期，从有胆有识到有根有魂，从"四大病"到"经营四定"，从"摸着石头过河"到顶层设计指引，这是中国企业必须完成的伟大涅槃。

我经常跟企业家们说："**做企业没有捷径，最大的捷径就是选对路径，不走弯路、错路和回头路。**"

根与魂是经营的底层逻辑和思考原点，也是中国企业应变局、开新局的"指南针"和"导航仪"。**战略有根、品牌有魂，做到"经营四定"，做好顶层设计，就是最短的路径和最好的捷径。**

欣慰的是，根与魂方法论历经22年沉淀、10年实践与打磨，终于成型。用根与魂方法论，让中国企业少走弯路、错路和回头路，推动中国企业的伟大崛起，这是福来的初心、衷心与恒心。

电影《教父》里有句经典台词：花半秒钟就看透事物本质的人，和花一辈子都看不清事物本质的人，注定是截然不同的命运。

什么是经营的本质？即战略有根，品牌有魂。

从机会主义、规模主义、速度主义，到客户主义、价值主义和长期主义，相信常识，回归本质，从论成败到论是非，从看结果到看因果。正念正道正能量，才能不走弯路、错路、回头路。

《道德经》说："上士闻道，勤而行之。中士闻道，若存若亡。下士闻道，大笑之。不笑不足以为道。"

人和人最大的差距在认知。在中国经济全面步入高质量发展的新时代，祝愿越来越多的中国企业家能以极大的战略勇气和定力自我革命，改变认知，从野蛮生长到有根有魂，拥抱新时代，开创新未来。

是谓深根固柢，长生久视之道。

● 构建中国特色的经营哲学和战略品牌方法论

今日之中国是世界第二大经济体、世界第一制造业大国，不仅实现了制造业增加值占全球比重的约30%，连续14年居全球首位，更实现了在高铁、5G、新能源汽车、锂电池、光伏产品、人工智能等中国创造上全球领先的竞争力。

在世界治理和话语体系上，中国输出了"人类命运共同体""全球发展倡议""全球安全倡议""全球文明倡议""中国式现代化"等理念和思想，获得了大多数国家的共鸣和尊重。

从历史上看，《易经》《道德经》《论语》《孙子兵法》等作品及其思想，作为中国智慧和中国荣耀，穿越千年岁月和万里空间，在时间长河和世界变幻中始终熠熠生辉。

根据联合国教科文组织2016年的统计数据，《道德经》是世界上外文译本总数最多、总销量最高的经典名著之一。《孙子兵法》更被美国西点军校和哈佛商学院等列为"必读教材"，其影响力也从军事延伸到政治、经济、商业、哲学、生活等各领域。

换句话说，在我们言必称希腊之前，西方是言必称老子和孙子的。

短短40余年，中国企业集群就成为世界上数量最多、成长最快、活跃度最高的市场实践主体。但遗憾的是，我们在管理思想、经营哲学，以及战略、品牌、营销理论和方法上，除了华为在企业治理上的《华为基本法》和海尔在经营管理上的"人单合一"（这两项成就在国际上越来越受到关注和推崇），几乎没有大的建树。这和拥有几千年深厚文明、灿若星河的思想大师和传世巨著的国家历史地位严重不符。

过去40余年，我们积极学习世界上一切先进文明成果，尤其在经营管理和战略品牌上，主要的理论贡献来自经济最为发达的美国、欧洲和日本，从安索夫矩阵到波士顿矩阵，从波特五力模型到麦肯锡矩阵，从4P营销理论到定位，从品牌形象到品牌资产，从平衡计分卡到SWOT分析模型，从隐形冠军到精益管理，我们几乎全盘借鉴和吸纳了西方理论成果，虽然受益匪浅，但不可否认我们在企业战略和经营理论上被西方"卡脑子"。

自进入21世纪以来，西方经营理论就不再有重大突破和创新，而现有的理论成果已不能完全解释和指引中国企业的实践和发展，这迫切需要有中国特色的经营哲学和战略品牌方法论诞生，为中国企业的伟大崛起奠定思想基础，提供理论指引和方法指导，为全球提供中国经营智慧和中国市场方案。

立足中国几千年的深厚文明、中国特色社会主义市场经济实践，**中国企业需要更本质、更务实、更简单和更接地气的经营哲学与战略品牌方法论**。这是中国企业的责任，更是中国人的机遇和使命。

德国哲学家、数学家莱布尼茨在发明二进制时，曾受到太极八卦图的启示。风靡全球的管理学著作《基业长青》，处处用太极八卦图去表达其核心观点，初看更像是一本中国书籍。备受中国企业家欢迎的日本"经营之圣"稻盛和夫，其核心经营哲学"敬天爱人"，恰恰源于道教全真派掌门人丘处机对成吉思汗的劝诫"敬天爱民"。

英国著名学者汤因比曾留下预言：**21世纪将是中国人的世纪，人类的未来在东方，中华文明会成为世界的引领者。**

2001年，管理学之父彼得·德鲁克寄语中国："中国发展的核心问题，是要培养一批卓有成效的管理者……他们应该是中国自己培养的管理者，熟悉并了解自己的国家和人民，并深深植根于中国的文化、社会和环境当中。**只有中国人才能建设中国**。"

2008年，诺贝尔经济学奖获得者、新制度经济学的奠基人罗纳德·哈里·科斯说："深知中国前途远大，深知中国的奋斗就是全人类的奋斗，**中国的经验对全人类非常重要**。"

三位大师对中国的评价与期望，令我们欣慰、备受鼓舞。但我们深知，中华民族伟大复兴以及中国对世界的未来贡献，离不开中国企业和中国经济的伟大崛起与真正强盛，离不开中国特色经营思想和理论的支撑与指引。

中国人自古所信奉的"立德、立功、立言"三不朽，以及北宋思想家张载提出的"为天地立心，为生民立命，为往圣继绝学，为万世开太平"，道出了中国人的终极追求。

作为有中国特色的战略品牌营销咨询机构，福来深受中国式战略机遇的恩泽，亦抱有美好愿景：探索和创建中国特色经营哲学和战略品牌营销方法论。

根与魂方法论，扎根中国几千年文化的深厚土壤，立足中国企业40余年的伟大实践，**面向未来中国企业的高质量发展和中国品牌的群体崛起，探索和践行新时代的经营王道，构建中国话语体系，输出中国经营智慧**。

我们深知，这是一个很大的愿望。

《荀子·修身》有言："道阻且长，行则将至，行而不辍，未来可期。"

道不远人，用一生去践行。

甲辰年于北京奥运村

目　录

5 第五章

营销定势：————————————————— **197**
创造强大的市场势能

6 第六章

思想定心：————————————————— **261**
胜负之决，只在此心动与不动

战略寻根:
确立安身立命的
事业地盘

第一章

战略要有根。根深，方能叶茂！没有根的战略，想法多，做不强，长不大。

战略之根，是企业生存和发展的根基，是安身立命的事业地盘。它明确了做什么、不做什么，先做什么、后做什么。不做什么，比做什么更重要。有所不为，才能有所作为。

用中国文化来理解战略，战略其实就是做有根的事。

茅台踩过的那些"坑"

● 万亿市值的茅台，带不动两瓶洋酒

茅台酒是酱香型白酒的鼻祖，中国白酒第一品牌，更是中国为数不多的奢侈品品牌，与苏格兰威士忌、法国白兰地齐名的世界三大蒸馏名酒之一。2023年，茅台市值超2万亿元，登顶全球酒业之冠。

即便成功如飞天茅台，也不是茅台出的任何酒都能跟着"鸡犬升天"。

一个是茅台啤酒。2000年，茅台斥资2.4亿元建成年产10万升的啤酒生产线，打出了"茅台啤酒，啤酒中的茅台"口号，推出10元到百元价位的啤酒产品，走高端路线，欲在中国再复制一个啤酒界的茅台。

理想很丰满，现实很骨感！茅台啤酒连续亏损13年，最终不得不在2014年拱手转让给华润雪花。

另一个是茅台葡萄酒。2002年成立的茅台葡萄酒公司，在河北昌黎建有葡萄园基地，2013年还买下法国波尔多露德尼酒庄，苦苦经营20多年，甚至还使出过飞天茅台配额销售的撒手锏，销售收入到目前还在几亿元徘徊，对于万亿元市值千亿元营收的茅台集团而言，葡萄酒业务仍未找到存在感（见图1-1）。

图1-1　飞天茅台、茅台啤酒、茅台葡萄酒

● 白酒的"根"长不出洋酒的"果"

茅台做不好啤酒和葡萄酒，不是营销问题，而是战略问题。可谓"成也茅台，败也茅台"。

茅台酒的成功，在于有根有魂。根，是中国高端酱香白酒；魂，是中国国酒。一方水土养一方人，一方水土育一方物。赤水河，茅台镇，不可复制的生态环境与酿造工艺造就的酱香品类，源远流长的产业历史和消费文化形成的国酒心智认识，是让茅台在白酒市场里牢牢占据老大地位的根与魂。

啤酒和葡萄酒是舶来品，是"洋酒"。茅台是中国传统白酒，借白酒的"根"长出洋酒的"果"，未必就是好果子。啤酒和葡萄酒也讲究地域、文化和血统，不是打着茅台品牌就可以任意收割的。无根无魂，即便茅台集团的领导和员工再努力，也无法在别人的土地上扎下根来，更无法与消费者产生心智共鸣。

中国千年的白酒文化，全球最大的白酒市场，国酒品牌的心智优势，足够成就一家基业长青的伟大企业。**茅台需要做的是坚守根与魂，保持战略定力，扎根中国白酒市场继续做深做透；同时，伴**

随中国的伟大崛起，继续代表并引领中国白酒英勇出海，让世界品尝中国白酒的味道。

退一万步讲，若茅台集团真的对葡萄酒情有独钟、难以割舍，完全可以通过全球视野来进行品牌和产业的收购，打造基于葡萄酒产业根与魂的新品牌新业务，而不是抱着茅台这棵大树苦苦挣扎、得不偿失。愿茅台集团早日醒悟，修成葡萄酒正果。

历史总是惊人的相似。"喝"错酒的不仅有茅台，可口可乐曾收购3家中等规模的葡萄酒公司，认为自己可以主宰葡萄酒市场。经过4年的艰难经营后，可口可乐不得不承认，酒和饮料是非常不同的产品，有不同的人群、场景、定价体系和分销网络，最后不得不将这几家公司卖给了约瑟夫·西格莱姆公司。

所以说，一家伟大的企业一定要懂得取舍，有所不为，才能有更大的作为。

战略就是做有根的事

● 中国企业"贪大、求全、图快"综合征

在做战略品牌咨询的20多年里，福来发现中国企业大多数患有"贪大、求全、图快"综合征。

这里面又分两种类型：一类是中小型企业，另一类是大而必倒型企业。

中小企业的通病是：**企业越小，想法越多，产品越多**。少则几十，多则上百，没有一个能打的。企业往往还引以为傲，认为多子多福，却不知一堆没有竞争力的产品给企业带来的只有高成本和低效率。

大而必倒型企业的通病是：**想法太多、摊子太大、步子太快、杠杆太高**。被福来称为"四太病"。

只是一时一地一品成功，却盲目自信，认为企业无所不能；什么都想干，什么都想投，什么赚钱做什么；搞战略延伸，全产业链通吃，摊子越铺越大；习惯了赚快钱，无视行业规律，跑马圈地，大干快上。最终的结果通常是资金链断裂，主业被拖垮，企业要么元气大伤，要么从此消亡。比如远一点的秦池、巨人、春都、春兰、德隆，近一点的恒大、乐视、汇源、海航、雨润等。

大而必倒型企业均逃不过"四太病"。贪大求全，贪巧求速，错将机会当能力，一业未精，多业并举，快速崛起，迅猛做大，最

终在经营中经不住诱惑，迷失自我，走向衰败。

中国企业无论大小，饿死的少，撑死的多！归根结底是战略无根。树大无根，风必摧之；业大无根，大而必倒。

● 战略无根，则想法多、做不强、长不大、活不久

中国人骨子里的"根文化"是根深蒂固的，如寻根问祖、落叶归根、追根溯源、根深叶茂等，皆是中国"根文化"的体现。只是受西方商业文明和话语体系影响，丢掉了企业战略的中国式解读。

战略有根，才能生长延续，才能厚积薄发，才能根深叶茂、无惧风雨、行稳致远。相反，战略无根，则想法多、做不强、长不大、活不久。

汇源果汁——昔日中国纯果汁市场的开创者和引领者，如今资不抵债黯然退市，一手好牌打得稀烂。究其根源，是汇源集团创始人朱新礼盲目而灼热的"大农业梦"拖垮了汇源果汁。拿着数百亿资金，在全国跑马圈地，大建上游农业基地、加工厂、产业园区等，大搞文旅康养，而不是专注"做好一瓶纯果汁"。

雨润曾与双汇齐名，是中国肉制品行业的"双巨头"，低温肉制品的领先品牌。后来雨润不务"肉"业，涉足地产、商业、旅游、金融、酒店、农产品等多个行业，主营业务不断下滑，企业出现大面积亏损，如今不得不破产重组，市值从高峰时的千亿元滑落到个位数。

波司登是中国羽绒服第一股，上市后急于做大，产品从羽绒服拓展到四季服，并相继推出男装、女装和童装，大举扩张门店。然而，"四季化战略"并未达成持续做大的预期，而是危机四伏。痛定思痛，波司登又回归羽绒服主业，用3年时间走出低谷，实现了

销售业绩的快速增长。在2023/2024财年，波司登的营业收入首次达到232.1亿元，同比增长38.4%；净利润达到31.2亿元，同比增长44.7%。自2016/2017财年以来，波司登连续7年实现营收和利润的双增长。兜兜转转，波司登最终回归其安身立命的事业地盘——羽绒服，找回了自己（见图1-2）。

图1-2　汇源果汁、雨润、波司登品牌标识

● 看欧美成功企业：战略有根，方能枝繁叶茂

据《财富》杂志调查，美国中小企业的平均寿命为8年，中国中小企业的平均寿命为3年；欧美大企业的平均寿命达40年，中国大企业的平均寿命不足9年。

欧美这些卓越又长寿的企业有什么特质呢？

汤姆·彼得斯在《追求卓越》这本书里总结了卓越企业的八大特征，即崇尚行动、贴近顾客、自主创新、以人为本、价值驱动、坚持本业、精兵简政、宽严并济。其中，坚持本业是美国企业之所以能卓越又长寿的第一战略特性。

亚马逊的"大小飞轮效应"是坚持并聚焦在其全球领先的电商平台这一战略根基之上的。迪士尼公司的"欢乐因子"能穿越时空，与时俱进，也是建立在影视娱乐、主题乐园这些娱乐产业战略根基之上的。

多年前，万达集团大举进军娱乐产业时，王健林曾扬言迪士尼效率太低，要打败迪士尼。结果迪士尼在全球市场依然欢乐无边，而万达则深陷泥潭，难以达观。万达的管理效率的确高，却输在战略根基上。

　　还有英伟达、麦当劳、苹果、星巴克、耐克等一大批美国优秀企业，它们都是所处行业的全球头部企业，身上都贴有坚持本业的成功标签（见图1-3）。

图1-3　英伟达、麦当劳、苹果、星巴克、耐克品牌标识

　　谈起欧洲企业，我们脑海里涌现出来的就是路易威登、奔驰、宝马、西门子、巴黎欧莱雅等这些全球巨头（见图1-4），它们在战略上都是坚持本业的代表，并在各自领域做到了全球领先。

图1-4　路易威登、奔驰、宝马、西门子、巴黎欧莱雅品牌标识

　　更重要的是，德国有一大批"隐形冠军"式的中小企业。

　　2023年，德国超越日本，成为全球第三大经济体。凭什么？不只是靠大企业。在德国，约占企业总数99%的中小企业，贡献了约54%的经济增加值，拉动了约62%的就业，实现了约80%的出口。

　　德国著名管理学思想家赫尔曼·西蒙的《隐形冠军》一书揭示了德国370万家企业中，隐藏着一批极具核心竞争力的中小型企业。它们的产品质量精良，具有说一不二的定价权，在全球某一领域有极高的市场占有率，是一些细分领域的王者。它们的特点是：长期专注细分领域，全球领先；注重技术革新，紧贴客户需求，做到不可替代；企业由家族传承。正是这种追求细分领域的极致专

精，造就了一大批遥遥领先同行的"隐形冠军"。

可见，全球卓越又长寿的企业，无论在美国还是欧洲都有其共性特质：坚持本业、极致专精、与时俱进。

中国也有一批百年老字号企业，如同仁堂、云南白药、青岛啤酒、汾酒、张小泉等（见图1-5）。它们穿越了百年时空，屹立于新时代，也都符合坚持本业、极致专精、与时俱进的特征。

图1-5　同仁堂、云南白药、青岛啤酒、汾酒、张小泉品牌标识

坚持本业则生根，根深方能行稳致远；极致专精则锐利，锐利方能无惧竞争；与时俱进则求新，创新方能永葆活力。

战略之根就是安身立命的事业地盘

● 从德鲁克的经典"三问"开始

现代管理学之父彼得·德鲁克说："任何企业得以生存，都是因为它满足了社会某一方面的需要，实现了某种特殊的社会目的，否则，社会就会淘汰它。"

这是企业的本质。基于此，他提出了著名的经典"三问"，即**我们的事业是什么、我们的事业将是什么、我们的事业应该是什么**。这是每个企业最高管理者必须回答的三个问题。

德鲁克认为问"我们的事业是什么"等同于问"我们的使命是什么"。使命是企业存在的理由，它回答了"我们的业务是什么"。明确的使命陈述，是企业有效设定目标和制定战略的关键。而战略之根则是企业生存和发展的根基，是经营的原点。

为什么理想很丰满，现实总是很骨感?

因为很多企业虽然有使命、有愿景，却没有界定自己安身立命的事业地盘。在市场竞争中，要么头破血流，一地鸡毛，要么树大无根，风雨飘摇。只看到了成功企业的诗和远方，却不知其背后有坚实的战略根基。

战略要有根，那战略之根是什么?

战略之根，是生存和发展的根基，是安身立命的事业地盘。它明确了做什么、不做什么，以及先做什么、后做什么。

《现代汉语词典》这样解释"安身立命"：生活有着落，精神有所寄托。也就是说，不仅物质生活有着落，精神追求上还有所寄托。安身立命，一个极具中国特色的词语，把战略的意图和内涵都说透了。

"事业地盘"是指干什么。我们一定要明确自己安身立命的事业领域和边界是什么，不能含糊。一旦确定下来，就必须"咬定青山不放松"。

● 战略寻根的本质是舍得

《道德经》有云："少则得，多则惑"。

"少则得"指持续专注一个点，是成事的最快路径。看似少了，实则成就其多。"多则惑"指选择太多、诱惑太多，会迷失本来的方向。无论是大事还是小事，选择太多，就相当于没有选择。

懂得放弃，才能毕其功于一役。

竞争战略大师迈克尔·波特说："战略的本质是选择不做什么"。企业的资源是有限的，集中力量的本质是有选择地投入；反过来说，是有选择地放弃。在一个方向上集中力量和资源，就意味着在其他方向有所放弃。

战略是资源配置的问题，成功的战略必须将主要的资源用于最具决定性的机会，做到兵力集中，力出一孔。不放弃次要的机会，就不可能集中兵力。战略性的取舍会使战略更持久，并且不容易被模仿。这就是任正非为什么反复强调"不在非战略机会点上消耗战略竞争力量"，并且把这句话作为华为的广告语，斥巨资传播。

战略的天敌是贪婪。舍九取一，才是战略智慧。

黑格尔有句名言："世界上真正的悲剧不是正确与错误之间的

冲突，而是两种正确之间的冲突。"舍九取一，不是砍掉九个不赚钱的项目，抓住一个赚钱的项目，而是十个项目都值得做，但要集中资源做最值得的那个。**因此，战略之根并非在好与坏之间抉择，而是在好与好之间做出取舍。**

谷歌只做搜索，打败了无所不包的雅虎。雅虎曾经是市值高达1250亿美元的全球互联网巨头，面对资讯、搜索、社交、邮箱等一波又一波的互联网红利，雅虎什么都想抓在手里，结果一个也没抓住。在搜索主业被谷歌打败后，雅虎的业绩一路下行，最后只能打包卖身。

在华为创立早期，华为所在办公楼下有一家证券公司，排队买股票的人很多。华为的开发人员却"两耳不闻窗外事，一心只盯电路板"。用任正非的话来形容：来了华为，想做出成绩，冷板凳就要坐满10年。在互联网、金融、房地产"热浪"一波高过一波的时候，任正非仍坚守通信制造行业，最终使华为成为全球5G技术领跑者。

中国企业的通病也在"贪婪"二字上。

王老吉的成功，引发了中国医药界巨大的"凉茶热潮"，如同仁堂凉茶、九芝堂凉茶、康美药业菊皇茶等（见图1-6）。如今，大潮退去，只剩下一地鸡毛。

图1-6　同仁堂凉茶、九芝堂凉茶、康美药业菊皇茶

近年来，茅台的成功刮起了酱香型白酒飓风，中国酒企集体"染酱"，资本市场也开始注入酱香型白酒，从一线的"五泸汾"（五粮液、泸州老窖、汾酒），到二、三线的酒鬼酒、杜康酒等，再到维维股份、来伊份、众兴菌业等。大多蹭"酱"而来，败"酱"而去。如今，"市值不够，酱酒来凑"成为笑谈。

地方政府打造特色产业品牌，也容易犯"贪婪"病，希望通过打造一个多品类品牌，带动N个特色产业。其实践结果证明：**主推产业越多，越容易分散。少才是多，多就是少。**

全球10朵茉莉花，6朵来自广西横州。广西横州成功打造"横州茉莉花"品牌，其背后就是在横州8大特色产业中做取舍，8中选一。广西横州拥有茉莉花、甜玉米、双孢菇、蔗糖、桑蚕等多个全国性优势特色产业，但在主导产业选择上，福来建议聚焦"横州茉莉花"这一主导产业。通过战略聚焦，把横州成功打造为"世界茉莉花都"和世界茉莉花产业中心，成为中国乡村振兴和产业兴旺的"横州样板"。

● 战略之根是成就伟业的"定海神针"

世界上，每4块汽车玻璃中就有1块是福耀集团生产的。创始人曹德旺——一位农民企业家，用30余年把一家濒临倒闭的水表玻璃厂，打造成世界第一的汽车玻璃王国。

只生产汽车玻璃的福耀，凭什么这么牛？因为战略有根。

拒绝诱惑，把根扎深。福耀30余年来坚持不进入房地产行业，曹德旺甚至说过："如果不是通过玻璃挣来的钱，送给我我都不要。"

围绕汽车玻璃这一战略根基，福耀坚持大力研发、持续投入。福耀的研发团队有超4500人，自主研发了HUD（抬头显示）玻璃、憎水玻璃、隔热玻璃、隔音玻璃、加热玻璃、内嵌数据采集芯片的无人驾驶汽车玻璃等具有高技术含量的特殊玻璃，做到了"小玻璃、高科技"（见图1-7）。

图1-7　福耀玻璃

如今，福耀在全国10余个省市及全球10余个国家和地区建立了生产基地、商务机构，全球雇员超2.9万人，连续多年盈利，彻底改变了中国汽车玻璃原来几乎100%依靠进口的状况。如今，中国汽车玻璃的进口比例很低。

大家熟知的今日头条和抖音背后的企业——字节跳动，以"用算法创建个性化的互联网资讯体验"为战略根基，颠覆了行业结构，赢得超过10亿用户，成为全球最大的独角兽企业之一。

用算法改变看法，给你想要的，猜你需要的。

字节跳动是最早将大数据、人工智能应用于移动互联体验的企业之一，通过算法改变信息的分发方式，即由过去的门户网站无差别分发，升级为精准的个性化分发，真正做到"给你想要的"的个性化互联网体验。

基于算法的投其所好能力，从2012年上线的今日头条、2016年上线的抖音，再到2017年上线的懂车帝、飞书，以及抖音电商、抖音国际版TikTok、豆包等，字节跳动的产品（App）涵盖综合资讯、视频、社交、垂直社区、电商、人工智能等多个互联网领域，成功打造出多款现象级流量爆品。

企业的成功离不开时代机遇的外因，更需要战略有根的内因。

腾讯创始人马化腾曾感慨："**当一家企业越往上生长，这个根基就要扎得更深更稳。**"回顾腾讯20多年的发展历程，从逐利为赢、模仿与垄断，到陷入困境、反思后变革，再到共生共赢、开放与连接、科技向善，腾讯先后经历了三次重大战略升级和价值观调整。

无论战略如何调整，马化腾内心都十分清楚，腾讯发展的底层逻辑和战略根基是以腾讯QQ、微信形成的互联网社交与连接的能力和社会价值，由此出发，向用户提供各种在线生活服务。以此为战略根基往下扎，才能向上长。

● 战略有根的三大好处

从经营实践来看，战略有根有三大好处。

第一，**经营不纠结**。企业家在重大经营决策上纠结做什么、不做什么，向左、向右，还是左右兼顾，归根结底就是战略之根不清晰、不坚定，不知方向在哪儿，缺乏战略指引。

第二，**资源不浪费**。很多企业总是路走到头了才发现路是错的，导致投入过多的人力、财力、物力，浪费了很多资源，真正应该干的事情却没有干好。

第三，**竞争不乏力**。有了根，企业才能在某一方面积累核心能力，形成价值壁垒和"护城河"，沉淀更多有形资产和无形资产，从而形成可持续发展的原生动力和竞争力。

战略寻根要看"三面镜子"

福来通过总结20多年的实践经验，形成了战略寻根钉子模型工具（见图1-8）。

图1-8　福来战略寻根钉子模型

战略寻根是由外而内的根本洞察，是用"望远镜""透视镜""放大镜"，围绕趋势、竞争、自身三个维度进行检索、思考、判断、决策的过程。

由外而内，是指站在消费者、第三方、未来发展的角度，看自己和竞争者所处的位置及独特优势，而不是孤芳自赏、以自我为中心。

● **用"望远镜"看趋势：预判未来，规划现在，做到顺势而为**

彼得·德鲁克说："优秀的决策者必须看见趋势的拐点。"

趋势比优势更重要。天下大势，浩浩荡荡，顺之者昌，逆之者亡。

势是不可逆的。不识势、不顾势、不顺势，即便今天我们再有优势，最终也会被趋势淹没。

战略寻根，首先便要顺势而为。势也就是我们常说的风口、浪潮、长坡厚雪，企业建功立业的机会就藏在趋势里。

看趋势是"望远镜"思维。看国家大势，知赛道长短、冷热、进退，方能长久。看行业趋势，知其兴替，潮起潮落，方能长盛。看消费态势，知其好恶，创造惊喜，方能长胜。

顺国家大势，方能长久。

中国李宁的成功，背后是国人文化自信的大势。伴随中国在经济、军事、体育、技术、互联网等领域的全球惊艳表现，国人更自信，国潮成时尚。

"两高"产业（高污染和高耗能产业）受限是绿色发展的大势。如能源、钢铁、有色金属、化工等行业，必须进行环保、低耗能、低碳改造，否则将面临关停转并的结局，行业战略空间受限。

一座城市的发展战略，同样要顺应国家大势。比如合肥曾经是中国最缺乏存在感的省会城市之一，后来依托"新能源汽车之都"战略而崛起。作为国家战略性新兴产业，新能源汽车产业正处在大变革时代，合肥提前布局，抓机遇、扬优势、补短板，打造一流产业生态，形成具有全球影响力的新能源汽车产业集群。

顺行业大势，方能长盛。

30年前，亚马逊创始人贝索斯在德绍基金公司做研究期间注意到，互联网正以每年2300%的速度发展。这一巨速变化使他决定离职，投入互联网创业大潮，成就了今天全球最大的跨境电商平台之一——亚马逊。

20年前，谁也不会想到作为胶卷代名词的柯达，有一天会在主流市场上消失。数码相机的发明者是柯达，它自己的专利技术革了自己的命。

顺消费大势，方能长胜。

中国人均GDP突破1万美元，4亿新中产崛起，国人消费观念转变，支付能力提高，消费主力已经是互联网原住民的"90后""00后"。同时，中国老龄化加剧，近3亿"银发族"健康、养老、旅游的消费潜力巨大，银发经济加速增长。

福来战略客户仲景香菇酱，就是看到了辣椒酱不够健康的消费大势，研发了更营养、更健康的香菇酱，以"健康佐餐"差异价值，实现A股上市。同时，元气森林"零糖饮料"的崛起，足力健老人鞋成为"关爱父母"的道具，这些都顺应了健康生活、银发经济的消费大势。

10多年前，中国黄金集团洞察到黄金产业个人投资与消费时代的到来，前瞻性地进军黄金零售市场，成立黄金珠宝公司，携手福来共同打造了"5个9"（黄金纯度99.999%）投资金条、黄金月饼、黄金春联等创新产品，引领黄金个人投资与消费趋势，年营业额突破500亿元，为集团开拓全新战略发展空间，并成功在上海证券交易所主板上市。

图1-9为仲景香菇酱、元气森林气泡水、中国黄金投资金条示意图。

字节跳动创始人张一鸣说："无法做出选择和判断的时候，离远一步，远到用更重要的原则和更长的时间尺度来衡量，这样就清楚了。"

图1-9 仲景香菇酱、元气森林气泡水、中国黄金投资金条

好战略一定是面向未来的，面向未来5～10年，甚至更久。正如阿里巴巴前执行副总裁曾鸣所言："从终局看布局就是有战略，从布局看终局就是没战略。"

总之，在趋势面前，没有优势可言！顺应趋势，找到风口，方能成大事。

● 用"透视镜"看竞争：透过表象，抓住关键，从而先胜后战

《孙子兵法》说："胜兵先胜而后求战，败兵先战而后求胜。"每一场战役都要在有十足的把握下打，要么不打，要么有把握后再打。

1947年，毛泽东在《解放战争第二年的战略方针》中讲道："必须注意不打无准备之仗，不打无把握之仗，每战都应力求有准备，力求在敌我条件对比上有胜利之把握。"[1]

看竞争是"透视镜"思维。透过产业发展阶段、竞争格局、竞争强度，对赢得未来的关键竞争要素进行判断。关键要素包括创新技术、成本控制、品牌价值、营销模式、供应链管理、团队能力等。

---

① 毛泽东：《毛泽东选集（第4卷）》，人民出版社，2008年。

不同阶段、不同格局、不同强度、不同对手，赢得竞争的关键要素必然不同。

有的需要"狭路相逢勇者胜"，拼的是速度、力度、角度。

比如，华润雪花靠的是比青岛啤酒更有力度、有速度的全国产业整合，成为行业老大；十月稻田大米靠"聚焦互联网＋优质供应链"后来居上，成为港股主粮第一股；小米手机靠的是供应链、渠道、营销的低成本控制；而华为手机则靠的是核心操作系统和硬件的自主科研创新。

有的需要绕过对手，绕到对手不去的战场。也就是毛泽东说的"你打你的，我打我的"。关键要素是细分的品类、特定的市场、创新的营销模式和打法。

福来战略客户史丹利，创立之初没有选择与国有资源型企业硬刚，而是顺应当时化肥复合化的趋势，率先专注"高端品牌复合肥"，引进国内第一条高塔复合肥生产线，通过过硬的品质和营销创新，逐步实现全国建厂布局，实现A股上市，成为中国复合肥领域的领导品牌（见图1-10）。

图1-10 史丹利高塔复合肥

有的需要"从头顶飞过"——不起正面冲突的降维打击。关键要素是品类颠覆、跨界"打劫"。

比如，美团外卖与康师傅、统一方便面的竞争，是"不见面的战争"；小米电视与创维、TCL 等传统家电品牌的竞争，是"空中"（互联网）掠夺；盒马鲜生与传统零售的竞争，是互联网新物种对传统大卖场的颠覆；还有支付宝、微信对现金的替代等。

● 用"放大镜"看自身：摸清家底，放大长板，培育核心能力

丘吉尔有句名言：能看到多远的过去，就能看到多远的未来。

哈佛大学教授拉瑞·葛雷纳说："**企业的历史比外界力量，更能决定企业的未来。**"

一家企业能够生存和发展，一定有其过人之处。顺势而为，需要企业看到未来，布局现在。而要走向未来，就必须从企业的历史中找到决定未来的过人之处，即企业的优势基因和核心能力，通俗讲叫长板。

查理·芒格坚决反对"木桶理论"，他说他没有见过一家企业是靠补短板而取胜的。他信奉"长板理论"，即"单一要素最大化"。在企业发展的第一曲线里，我们把企业的能力要素拆解，挑出几项自己的长板要素，再选出那个 10 倍速变化的单一要素，重度投入资源，最大化到近乎荒谬的极端，击穿阈值。这个长板要素，就能成为第二曲线。

自身资产的洞察，就是从过去找到并放大自己的成功基因和核心能力，推动企业走向成功。

看自身是"放大镜"思维。主要是从产业资源、核心技术、品牌影响、区域人文、声誉产品、渠道模式、团队能力等因素，进行外部视野的内部分析，洞察发现真资产，找到核心竞争力和成功基因。

人最难的是看清自己，企业更是如此。

2014 年，万达投资 10 亿元在贵州扶贫，计划在贵州丹寨养猪

和种植硒锌茶叶，并且准备推终端茶叶品牌。项目团队找到福来，深度交流后我们给出的建议是：茶业不是地产，农业不是纯粹的商业，实力固然重要，但更重要的是企业的基因和能力，品牌茶叶不适合万达，请慎重考虑！

向过去要未来，企业需要对自身的基因和能力进行拆解，福来总结出"基因六问"。

1. 过去做成了什么？
2. 为什么做成了？
3. 具备的核心能力是什么？
4. 新领域竞争的关键要素是什么？
5. 进军新领域有什么独到之处？
6. 进军新领域最缺什么？

如果不能客观清晰地认识和回答"基因六问"，就千万不要轻易迈进新赛道、杀入新战场。后来，万达战略性地放弃了品牌茶叶这个项目，而是发挥其优势，集中精力做了丹寨万达小镇，风生水起。

"宁可死在'来往'的路上，也绝不活在微信的群里。"这是2013年面对微信的崛起，马云在公司内部论坛里对阿里巴巴即时通信产品"来往"的态度，也是一种宣战。结果大家都知道了，截至2024年6月30日，微信及WeChat合并月活账户数达13.71亿，而大家基本上已看不到"来往"的踪影。

为什么阿里巴巴拥有如此强大的运营能力，集全公司之力推"来往"，也无法获得成功？这就是基因和能力的不同。阿里巴巴服务企业客户，是ToB的基因，而腾讯靠腾讯QQ业务起家，是

ToC的基因，在社交领域有着深厚的技术优势、群众基础。

云南白药牙膏，就是云南白药公司将止血消炎的白药秘方添加到了牙膏里，一举成功，连续多年市场份额稳居行业第一。

福来为宁夏枸杞做品牌咨询时，洞察到宁夏枸杞是《中华人民共和国药典》认定的唯一入药枸杞，从而制定了**"以药用枸杞为基础的大健康产业集群"**这一战略之根，这是宁夏枸杞面对青海、甘肃、新疆等枸杞产区的大规模低价竞争时不可复制的核心资产，夯实了宁夏枸杞的产业老大地位。

近几年，哈尔滨旅游火了，"冷资源"成了"热经济"，冰天雪地成了"金山银山"。不少人都在惊呼，哈尔滨接住了泼天的流量和富贵。但实际上，哈尔滨的火爆出圈并非偶然，这得益于其近40年"哈尔滨冰雪节"精心谋划、多方协力的厚积薄发，以及新媒体时代短视频的爆发力。从全国乃至全球来看，哈尔滨的冰雪文化资源都是独一无二、极具特色和吸引力的，这就是哈尔滨最大的长板和家底，也是哈尔滨城市经营的战略之根（见图1-11）。

图1-11　哈尔滨冰雪旅游

战略之根，解决三大边界

图1-12　战略之根三大边界

● 品类边界选择

品类边界是对经营品类或细分品类范围做出的战略抉择。**品类边界是事业地盘的第一边界，要想清楚不做什么。原则上，越聚焦越有穿透力。**

在汽车行业，特斯拉创始人马斯克秉持"推动世界向可持续能源过渡"的使命，聚焦新能源车新品类（见图1-13），以观念突破与科技突破，换道超车，引领新能源车革命，在市值、影响力及发展潜力上远远超越福特、大众、通用、奔驰、丰田等传统汽车行业霸主。

图 1-13　特斯拉汽车

博柏利（BURBERRY）——创立于1856年的英伦奢侈品牌，以风衣为代表，拥有经典的格子图案、独特的布料功能和优雅剪裁，是英国皇室的御用品牌（见图1-14）。到了21世纪，博柏利相继推出香水、皮草、首饰、手表、针织、鞋帽、家居用品等，过多的品类延伸导致博柏利的品牌核心价值模糊起来，其标志性的风衣外套仅占其全球业务收入的20％。同时，市场上仿冒者泛滥，品牌影响力严重下滑。

痛定思痛，博柏利重新聚焦风衣外套，创新300多种颜色和款式，加强时尚音乐赞助、品牌电影故事拍摄、名人时装秀推广等传播手段，再度成为抢手的热门时尚品牌，受到了消费者的青睐。

中国本土功效性护肤第一股贝泰妮公司董事长郭振宇先生是一位传奇人物。他是美国乔治华盛顿大学终身教授，回国后成功创业。他说："我们做护肤品，打开门都是国际大品牌，我们必须做细分，所以选择聚焦敏感肌赛道。正是专注敏感肌护肤品，十年磨一剑，旗下品牌薇诺娜大获成功。"

兰格格乳业，在福来的帮助下，避开大品类，确立"草原酸奶"战略之根，开

图 1-14　博柏利风衣

创新品类，用"草原的奶、草原的菌、草原发酵、草原急送"构筑起自己的品质基因和价值壁垒，成为众多头部"网红"直播间的常客，成为新生代"网红"酸奶品牌（见图1-15）。

图1-15　兰格格草原酸奶

像大疆无人机、方太油烟机、慕思健康睡眠床垫、东阿阿胶、巴奴毛肚火锅、千味央厨预制菜、劲酒、公牛安全插座、九牧高端卫浴、蓝月亮洗衣液、小红书、360安全卫士、富邦化肥助剂、霸王茶姬等，都是以细分品类为边界，确立自己的战略之根，保持定力，持续耕耘，成为行业的佼佼者（见图1-16）。

图1-16　大疆、慕思、公牛、360、千味、巴奴、九牧、富邦品牌标识

由此可见，**品类边界的战略之道，就是选择专注某种品类或开创新品类，集中资源和精力，更易成为品类老大。**

● **市场边界选择**

是选择中高端市场，还是大众市场？是区域为王，还是面向全球？是线上突破，还是线下立基？不同的市场边界，决定了不同的对手和打法。

面向中高端市场或大众市场，是战略决胜的重要市场边界选择。

在全球智能手机市场，苹果选择走高端路线，引领行业。三星、华为走的是中高端路线；小米、OPPO、vivo等品牌，则是瞄准大众市场、年轻群体。

传音控股公司是全球智能手机出货量前五的中国企业，被誉为"非洲之王"。传音的成功，在于公司从成立以来就避开在发达地区和成熟市场，与苹果、三星、华为、小米这样的巨头角逐，而是选在广袤的非洲，以及中东、南亚、拉美等新兴市场深耕，走低端路线。独特的市场边界选择，让传音控股在全球智能手机出货量连续下滑的背景下，做到逆势增长。

福来为信阳市浉河区政府主导打造的区域公用品牌信阳毛尖策划了"信阳毛尖521"。产自核心小产区"五云两潭一寨"八大山头的极品毛尖茶，珍贵而稀缺，全程可追溯。这不仅是市场边界的选择，更是信阳毛尖茶产业高质量发展的重要战略选择（见图1-17）。

图1-17　信阳毛尖521

也有选择"区域为王"市场边界的，如张仲景大药房。其扎根河南20年，以郑州为核心，覆盖河南17个地市，拥有直营连锁店2000余家、张仲景国医馆220余家、仲景生活馆11家，成为河南药店连锁王。还有今世缘酒，聚焦江苏市场，守住市场边界，深挖根据地，做到百亿元规模，在竞争激烈的全国白酒市场是区域为王的典型样本。

北京首农食品集团是北京最大的农业食品企业之一。安全保供北京的战略使命，决定了其战略之根的市场边界就是以首都北京为核心，聚焦农业食品主责主业，以引领健康美好生活为己任，承担起首都市民"菜篮子""米袋子""奶瓶子""肉案子"的重要职责。目前，首农食品集团营收已突破1600亿元，构建贯穿育种、种养、加工、贸易、销售等环节的全产业链，形成从田间到餐桌、一二三产业融合的产业格局。

也有瞄准更广阔的海外市场的企业，如希音（SHEIN）。其凭借"超快时尚"模式，连续8年的年营收增长率超100%，成长为全球B2C快时尚跨境电商品牌，位列全球独角兽第三位，仅次于字节跳动和Space X（见图1-18）。

图1-18　希音

互联网时代，市场边界的时空概念被打破，聚焦线上也是一种边界选择。

比如三只松鼠、韩都衣舍等淘品牌代表，借助淘宝高速发展的流量红利，跳出传统，专注线上，集中资源，模式创新，成就互联网头部品牌。完美日记、花西子等新国货美妆品牌，聚焦内容"种草"和直播带货，跳出国际大牌超强竞争包围圈，成功逆袭，快速崛起，成为新国货美妆潮牌。

● 生态边界选择

生态边界是对所处行业产业链生态位的战略抉择，即企业做产业链的哪个关键环节能创造独特优势，做到不可替代，并能促进产业链生态系统的繁荣发展。

生态位（Ecological Niche）是生物学中的一个重要概念，由格林内尔首创，指一个种群在生态系统中，在时间空间上所占据的位置及其与相关种群之间的功能关系与作用。

企业在市场环境中所形成的竞合关系与生物物种在自然环境中所形成的生态关系也存在很多共性。因此，将生态位理论运用到企业经营领域得到了学界与企业界的广泛关注和认同。

英特尔作为个人计算机普及时代的领导品牌，不生产计算机，在计算机全球产业链中只做核心技术，即微处理芯片（CPU）的研发和生产，只服务B端客户，为全球计算机制造商提供CPU，甚至其品牌推广都是与下游合作伙伴共同完成。不过，在人工智能时代，英伟达已成为新的世界芯片之王，完成了对英特尔的绝对超越。

可口可乐、耐克、阿迪达斯等成功企业的全球化战略，都离不开产业链生态位选择，它们只做产业链"微笑曲线"的两端，即核心技术和品牌营销，把供应链、生产、分销等交给其在各国的战略合作伙伴。

在全球新能源汽车产业链，宁德时代扎根动力电池这一生态位，十年如一日，在关键技术上重金投入，持续引领行业发展。目前，宁德时代动力电池覆盖全球56个国家和地区，占全球市场份额约37%，全球每3辆电动车中就有1辆配备宁德时代的电池。从特斯拉到蔚小理，再到北汽等传统车企，纵观整个行业，只要布局新能源的车企，几乎都是宁德时代的座上宾。

不过，一个产业链的最佳生态位并非只有"微笑曲线"两端。在生产代工上也可以做到无可替代，创造远高于行业的利润，比如服装界的"富士康"——申洲国际。

中国盈利能力最强的服装企业，不是李宁，也不是安踏，而是申洲国际。它是耐克、阿迪达斯和优衣库在中国的代工企业。

2023年，申洲国际成衣产能达5.5亿件，营收达249.7亿元，在全球同业上市公司里生产规模最大，而它的赚钱能力更是让同行羡慕嫉妒恨，税后净利润约45.57亿元，净利率达18.2%左右，而一般的服装代工厂净利率仅为6%左右。即便是毛利率高达50%的服装品牌，剔除渠道和品牌营销费用，赚钱能力也难与申洲国际匹敌。

在大众意识中，代工制造处于产业链和鄙视链的双重底端。申洲国际的崛起，重新定义了代工制造的生态位价值。它在代工领域的高价值环节，十年如一日地挖掘，也拥有了"卡脖子"的核心能力。

专业和分工是人类文明与社会进步的标志。缺乏产业链生态位思维，就容易走入全产业链误区。全产业链看上去很完美，但是福来反复跟企业家们强调：**95%的企业不适合搞全产业链！大道至简，有钱也不可任性。大就是小，小就是大。多就是少，少就是多。快就是慢，慢就是快。找准自己的生态位置，做减法，做聚焦，极简、极致，成为产业链生态圈不可替代的价值链条，方能针尖捅破天！**

云天化集团是中国绿色化工和新型材料领域的领军企业，福来为其制定了现代农业产业的战略规划，从云南八大特色农业产业中，选择特色强、周期短、产业散、易整合的花卉产业作为战略抓手，并为其找到了产业链中的最佳生态位。

在中国，10朵鲜花中就有7朵来自云南，这个说法毫不夸张。小而散的生产组织方式，缺乏有实力的运营主体，导致花卉品质不稳定，供应不持续。这是云南花卉产业的两大痛点，也是云天化要抢占的花卉产业战略生态位。福来为云天化花卉制定了"高品质云南鲜切花运营商"的战略之根，通过创建云南绿色农业高新技术产业示范项目（GAP项目），提供核心技术、标准化产品和平台服务，掌握云南花语权，推动云南花卉产业升级，争做千亿云南花卉赋能者和领航者（见图1-19）。

图1-19　云天化绿色农业科创中心

企业生态位的最高境界是成为生态主导型链主企业，相当于成为森林之王、拥有一片森林。 微软、苹果、亚马逊、阿里巴巴、腾讯、字节跳动、宁德时代、小米、SHEIN都是典型的生态主导型链主企业，但它们也都是从具体生态位切入，先建立绝对优势，再主导整个生态。也就是说，先有生态位，再有生态链和生态圈。这一点务必牢记！

像人类文明一样，生态位没有优劣高低之分，只有特色和适合之别。关键是能够创造独特价值，做到相对优势或不可替代。但有一点是肯定的，那就是：**找准战略之根，明确战略边界，有所不为，才能有所作为。**

需要强调的是，**战略之根并非故步自封、一成不变，也需要与时俱进，它是动态的、生长的、发展的。就像一棵树，深扎根是为了更好地生存和生长，真正长成参天大树。要想枝繁叶茂，根系必然发达。由最初的一个主根，分生并蔓延出多条根系，形成根深蒂固的战略之根体系。**

这就是为什么亚马逊可以由网上书店成长为全球最大的综合性电商平台之一，而曾经被誉为"中国亚马逊"的当当网，不仅没有成功培育出产业生态，连图书电商的优势地盘也被不断蚕食。

所以，福来常说，**上市敲钟不是终点，而是新事业、新奋斗的起点，也可能是新苦难的开始。**京东如果只扎根3C电商，也不可能成长为今天拥有零售、物流、科技、健康、工业、京东七鲜等八大电商生态战略业务的中国电商生态体系的巨头。

福来的客户富邦科技是中国化肥助剂领域的开创者和引领者，通过对荷兰诺唯凯、法国PST的并购成为全球头部玩家。现在，富邦科技通过对全球生物农药、生物化肥及土壤大数据、智能灌溉等领域的研究、投资与布局，打造生物农业、数字农业发展新引擎，从而打造全球领先的现代农业科技服务企业。这是富邦战略之根的蔓延（见图1-20）。

图1-20　富邦科技中国总部

安踏集团在庆祝创立30周年时发布新十年战略"单聚焦、多品牌、全球化",并且提出"创造共生价值"的新十年企业价值主张,"成为世界领先的多品牌体育用品集团"的新愿景。安踏,从一双室外篮球鞋开始的专业运动鞋战略之根,多年来已经在品类边界、市场边界上进行了成功的战略蔓延和全球多品牌布局,成长为超越耐克和阿迪达斯,登顶中国运动服装市场的老大品牌(见图1-21)。

图1-21　安踏品牌矩阵

当然，战略之根的蔓延并非易事，需要企业有高度共识和战略坚持。多年前，福来曾受邀为东阿阿胶打造第二增长曲线"海龙胶口服液"——一款温补肾阳的经典名方名材名药，并聘请了在电视剧《大宅门》中有绝佳表现的"七爷"——演员陈宝国做品牌代言人，以"一代双胶"（东阿阿胶＋海龙胶）、"从女人到男人"的发展理念进行战略布局和市场拓展，打造中国滋补首席品牌。遗憾的是，华润集团重组东阿阿胶后改变了战略方针，刚启动的"一代双胶"战略被搁置。

那么，战略之根如何与时俱进？回到前面，还要从"三面镜子"看起。

第二章

品牌找魂：
构建基于人心的
终极竞争力

　　每个品牌都要有灵魂！魂立则心动。没有灵魂的品牌，如行尸走肉，难以存活于消费者心中。品牌就是要有血、有肉、有灵魂！

　　品牌灵魂是基于消费集体意识洞察，直击消费者的强大心智共鸣和消费动因。品牌灵魂是决定品牌现实与未来的竞争原力。

品牌得民心者，得天下

● 可口可乐为何如此硬气

美国可口可乐的前董事长伍德鲁夫曾说："即使可口可乐公司在全球的生产工厂一夜之间被大火烧毁，只要有可口可乐的品牌在，很快就可以重建可口可乐的新王国。"

可口可乐为何如此自信？这源于可口可乐构建于全球消费者心中正宗、经典的品牌灵魂（见图2-1）。虽然工厂可能会在一夜之间消亡，但可口可乐在全球消费者心中的品牌灵魂还在。只要品牌灵魂还在消费者心中，企业就具备向死而生的能力！人心是品牌的死生之地，存亡之道。

图2-1　可口可乐

● 品牌要"先入心，再入市"

孟子说："得民心者，得天下。"

任何一家在市场中逐鹿天下的企业，要明白自身与天下之间，隔着人心这道看不见的"墙"。悖逆人心而动，人心会是无法逾越的铜墙铁壁；顺应人心而动，人心会成为赢取天下的通途。在今天的商业世界中，企业都想通过品牌构建一座通往人心的价值之桥。**福来用品牌灵魂帮助企业构建一座长期经营的永远的"桥"，就是让企业"先得民心，再得天下"的方法论。要赢取天下，让我们从心开始！**

"每天喝一点，健康多一点"，这是多年前宁夏红枸杞酒一句响彻全国的广告。"宁夏红"与"劲酒"，是中国一南一北两大颇具影响力的保健酒品牌。

中国人有泡制药酒强身健体的养生习惯，枸杞又是保健酒配料上的"绝对主角"。这本是一个往上传承千年养生文化，往下顺应消费认知习惯的好产品，是一个可以永续经营的大事业，但宁夏红做着做着就想国际化了，发布了一款叫"宁夏红传杞"的枸杞干红，还斥巨资请了演员成龙代言，轰轰烈烈地推广（见图2-2）。

在消费者认知中，干红就是葡萄酒，所以"宁夏红传杞"没有顺应消费者对枸杞酒的心智认知和文化习惯，不能在消费者心智中获得"干红"的身份认可，不仅红不起来，反而拖垮了企业。而一直坚持传承中国泡制酒文化原力的劲酒，年销售额突破100亿元，与宁夏红形成巨大的反差。

你会赞许一个与你生活观念和常识格格不入的品牌价值主张吗？你会购买一款你并不需要的产品吗？不会！**消费者行为学告诉我们："一个人只能看到他想看到的，只能关注与他相关的品牌和**

图2-2　宁夏红广告

事物"。消费者不是能让企业随心所欲的"提线木偶"。

　　企业可以发明全新的技术，也可以生产全新的产品，甚至可以开创更高效的管理机制和模式，但品牌价值是无法在实验室和会议室里被创造出来的，因为消费就是人类通过消费品满足自身欲望的一种经济行为。消费者能够青睐一个品牌，一定是这个品牌有价值，与消费者物质层面和精神层面的欲求相契合。**品牌与消费者既是"一个愿打，一个愿挨"的关系，也是"一个巴掌拍不响"的关系。**

　　所以，如果企业不能在品牌和产品创立与研发之初，就在消费者心中确立优势，牢牢把握对自身最有利的消费动机，那么企业对市场的所有投入和动作也只会换来品牌和产品在终端货架上与消费者的价值"鸿沟"。

　　因此，**做品牌一定是我们在消费者的心里有胜算了，再到城市市场里攻城略地，这就是做品牌的本末关系，先"入心"是本，再**

041

"入市"是末，也就是我们说的创立品牌要攻心为上，攻城为下。

● 时代在变，人心未变

人的需求是变化的吗？从量变的角度看，需求是变化的，消费品总是向更快、更高、更强的方向演进，如更优质的食物、更便利的加工方式、更精美的包装、更便捷的交通工具、更智能的房屋等。

但从质变的角度看，人的需求的底层逻辑是没有变化的。在人类文明诞生之初，就已经奠定了它的基础。从古代为了鲜甜的荔枝而有的"一骑红尘妃子笑"，到今天叮咚买菜和盒马鲜生的生鲜宅配；从远古的结绳记事，到今天的微博、微信；从"衣来伸手，饭来张口"的宫廷贵胄生活，到今天越来越智能的家居生活；从中医的望闻问切、膏丹丸散，到今天的远程医疗、胶囊片剂。人的需求在本质上是没有变化的，只是在科技的推动下，生产力不断提升，人们有了更好的解决方案。

亚马逊的创始人贝索斯曾说："很多人问我10年以后变化的会是什么，但极少有人问我10年以后不变的是什么，亚马逊就是去找不变的东西！"

所以，我们要善于把握人心中那些不变的东西。我们做品牌，就要知道自己并不能创造人的需求，自己只是在需求面前给出了更好的解决方案。就像亚马逊通过互联网技术重塑传统商业，让供应链的运转更高效，让运营成本更具竞争力，用"选择多、价格低、更便捷"颠覆传统零售业的战略地盘。"选择多、价格低、更便捷"这三点，有哪个是今人的创造？这些都是人心深处由来已久的底层意识。

同样，全球百货零售巨头沃尔玛凭借"天天省钱"的品牌价值，横扫全球市场；中国的拼多多也通过组团低价策略，用"价格镰刀"开疆拓土，风靡海内外。它们都把握住了人心对低价的一往情深。

戴森电器生产的无叶风扇、吸尘器、电吹风等产品，并没有改变这些产品的作用，只是用其突破性的科技，把这些电器重做了一遍，给它们一个高效的芯和时尚的衣裳，让产品变得更卓越也更有颜值（见图2-3）。

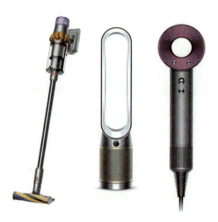

图2-3　戴森电器

由此可见，优秀的品牌开创者和管理者要知道敬畏人心，因为那里埋藏着欲求的原力和决定品牌成败的根本法则。因此，福来认为，品牌只有彻底、纯粹地忠实消费者内心的欲求，才是懂人性、有灵魂的。福来将为品牌塑造灵魂视为企业的一大使命。

品牌灵魂：始终忠实于人心的品牌方法论

● 什么是品牌灵魂

天地之大，品牌只有人心这个居所，所以，品牌需要始终忠实于人心。只有让消费者敞开心扉，成为消费者的心头好，并能够长期地满足消费者的需求，才是品牌的永生之道。

因此，福来认为，只有发端于人心、来自消费集体意识的品牌价值，才是真正有血有肉有灵魂的，才能与消费者产生真正的共鸣，才能与消费者共同构建价值共同体。

福来对品牌灵魂的定义如下：

品牌灵魂是基于消费集体意识洞察，直击消费者的强大心智共鸣和消费动因，是决定品牌现实与未来的竞争原力。

《现代汉语词典（第5版）》对灵魂有4种解释：（1）迷信的人认为附在人的躯体上作为主宰的一种非物质的东西，灵魂离开躯体后人即死亡；（2）心灵，思想；（3）人格，良心；（4）比喻起主导和决定作用的因素。

你看，品牌灵魂是一个多么美妙的词语，把品牌的本质、意义和作用都说透彻了。

● 品牌灵魂："以天下之至柔，克天下之至坚"

老子在《道德经》中说："天下之至柔，驰骋天下之至坚。"意思是天下最柔弱的东西，可以驱使天下最坚硬的东西。品牌灵魂就是一家企业、一个区域、一座城市所拥有的"天下之至柔"，是品牌存在于消费者心智中的"柔性生存"和"软实力"。

运动品牌李宁在迷茫多年后，推出"中国李宁"系列，用民族自信的全新品牌灵魂，构建自己的心智软实力，触动了消费者内心的柔软之处。2018年和2019年，李宁分别以"中国李宁"和"行"为主题登上巴黎时装周和纽约时装周，微博话题声量超2亿，引发国内外媒体热议和襃扬。李宁通过自信的"中国李宁，中国形象"走出谷底，重建了行业地位。

李宁民族自信的品牌灵魂，强化、放大了李宁品牌的品牌原型——"体操王子"李宁。作为李宁品牌的创始人，他在体育生涯中斩获106块金牌，摘取14个世界冠军，成为首个进入国际体操名人堂的中国运动员，是能代表中国的世界级运动健将之一。所以从品牌背景看，李宁品牌能发展得如此是顺理成章。

同时，民族自信也是这个时代最广泛、最强烈的国民集体意识。中国高铁领跑世界速度，中国航天频现外太空，中国海军向大洋深处进发。"民因国贵，国因民强"，民族自信是中国品牌与消费者的最大心智共鸣。

品牌有灵魂，才有前文提及的"烧不毁"的可口可乐，才有李宁用民族自信浴火重生。所以，**企业管理者不仅要当好产业的总设计师，还要成为消费者心灵的总建筑师。**

但我们身边还有许多管理者更关心"工厂"和"农场"，更热衷"工厂"和"农场"的建设，却对品牌心智软实力的关注和投入不足。企业和企业比的不只是产能和规模，还有大众心智价值需求。只有通过品牌灵魂在大众心智中建立优势，才是企业的价值"保险箱"和竞争的"护城河"。正所谓"好看的皮囊千篇一律，有趣的灵魂万里挑一"。

让我们再次倾听2500年前老子在《道德经》中那振聋发聩的呼唤："以天下之至柔，驰骋天下之至坚。"

● 品牌灵魂："用人心之所想，让人心避无可避"

福来说："品牌灵魂是始终忠实于人心的品牌方法论。"因为消费者行为学告诉我们：与消费者无关的品牌信息，不能引起其注意。也就是说，品牌价值如果不能"以人的消费之痛为痛，以人的消费之乐为乐"，就不能引起消费者的关注，大家只会"事不关己，高高挂起"。

所以，品牌只有用消费者"心灵中的需求，灵魂深处的欲望"为品牌安身立命，才是纯粹向心而生的品牌、有灵魂的品牌、民心所向的品牌。

品牌怎样才能忠实于人心呢？就是要做到"无我"，即不逞个人的"私智"。没有"私智"才能把消费者装到心里，才能发现他们生活的隐忧、消费的痛点、精神的归宿，才能让品牌真正为"天下百姓立命"，为大家解决问题，带来福祉。

因此，品牌塑造不是创造了什么给消费者，而是用产业和产品解决消费者心中的需求与动机，并加以扩充、放大，最终实现"取之于民，用之于民"。

"高效肥"是福来在12年前为心连心化工集团的肥料板块塑造的品牌灵魂。彼时，一方面，家庭农场、合作社蓬勃发展，规模化种植蔚然成型，农资市场买方的专业度和议价能力进一步提升；另一方面，中国化肥产业产能严重过剩，农业开始实施绿色、可持续的生态发展战略。我们坚信，更科学更精准的养分供给、更高效的吸收与利用率，是肥料产业发展的必然趋势。"高效"就是这个时代化肥消费趋势的拐点，也是撬动下一个时代的战略支点。

由此，福来为心连心塑造了一个可以决胜未来的品牌灵魂"高效肥"，并以品牌灵魂为原点，重新梳理商业逻辑与资源配置。后来，国家陆续发布的化肥零增长、供给侧结构性改革、高质量发展、新质生产力等，进一步印证了"高效肥"的战略价值和前瞻性（见图2-4）。

图2-4 心连心高效肥

心连心坚持"高效肥"的品牌灵魂，十二年如一日，持续投入，持续改善，营业收入从37亿元增加到230亿元，利润从1.8亿元增加到18亿元，实现了化肥零增长大势下的结构性、战略性增长，完成了从中原王到全国标杆的跨越式发展。

福来服务的宁夏枸杞，在青海枸杞、甘肃枸杞等产区产能日渐增加的竞争压力下，急需品牌灵魂，实现持续的产业引领。宁夏枸杞是《中华人民共和国药典》唯一认定的药用枸杞，而宁夏作为药用枸杞的唯一原产地，是千年中医的不二之选，自古被冠以"道地"之名，并且"道地"是药材采买的第一心智关键词，是获得消费者认同的撒手锏。携"道地"以令诸侯，是成就宁夏枸杞领导地位的不二法门。

由此，我们为宁夏枸杞塑造了"道地"的品牌灵魂，用"道地"构筑起坚实的价值堡垒和竞争壁垒，为宁夏枸杞的高质量发展注入强大而恒久的原动力（见图2-5）。

图2-5　宁夏枸杞主视觉

为品牌塑造品牌灵魂，就是让品牌忠实于人心，遵从人的欲求，服务人的欲求，只有这样品牌才能与消费者心心相印。

品牌灵魂为企业解决三大难题

在当前"粉末化"的传播环境下，如何让品牌价值深入人心？如何让品牌传播更加高效？如何让企业获得资本市场更多的橄榄枝？品牌灵魂恰恰是解决以上三大难题的金钥匙。品牌灵魂有三大效用：其一，让价值更入心；其二，让传播更高效；其三，让资本更青睐。下面让我们逐一道来。

● 品牌有灵魂，让价值更入心

"鸡蛋从外面打开是食物，从里面打开是生命"，品牌灵魂就是从里面感召人心的方法，我们的一切思维与动作都是从消费者内心的需求出发。所以，品牌灵魂给予消费者的不是我们创造的，而是消费者本来就有的欲望与需求，这就是品牌塑造上的"以其人之道，还治其人之身"，是让消费者的梦想和欲望照进现实，唯有这样，消费者才会怦然心动。

福来经常跟客户说，企业家应该有一双从外向内观察企业的眼。从企业外部的什么地方看呢？就是站在消费者的需求点上观察企业，只有这样才能从根本上做好企业的价值管理，才能更好地整合企业的内外部资源，使其服务于人心。

品牌灵魂就是帮助企业明确消费者心智的价值需求，并以此为内核，调动企业的每一个细胞，扩充放大这一价值，集千钧之力于一点，方能让价值深入人心。只有这样才能实现战略品牌管理先驱凯文·莱恩·凯勒所说的品牌共鸣，从根本上保证品牌与消费者联系的深度和强度。

百达翡丽为钟表业的超级品牌，以世代传承为品牌灵魂，从豪门贵圈更加注重家业传承和基业长青的消费集体意识入手，让小小的手表成为家业传承和基业长青的载体与标志。世代传承的品牌灵魂，还赋予了百达翡丽古董和艺术品的独特气质，成为手表界难以企及的灯塔式存在（见图2-6）。

图2-6　百达翡丽

在中国乳业的一片红海中，福来战略客户兰格格凭什么能以"草原酸奶世家"的品牌灵魂开创蓝海？因为在蒙牛、伊利奶源及生产全球化的今天，在消费者的心中，它们已经离内蒙古大草原渐行渐远，"谁是纯正的内蒙古草原酸奶？"这是心智价值真空区。

兰格格乳业聚焦内蒙古草原的产区占位，传承四代人坚守地道草原酸奶的事业发展基因，坚守以酸奶产品为核心的产品开发原则，强势推出"草原酸奶世家"的品牌灵魂，以实击虚，将蒙牛、伊利曾经的事业起点，变为自身心智价值的战略支点。在乳业市场大局已定的后竞争时代，兰格格异军突起，7年间销售额增长10倍。2024年"6·18"大促期间，一场直播活动热销4000万元，成为"6·18"低温酸奶电商直播大赢家。

公牛插座的品牌灵魂是"安全"，揪住消费者对用电安全性的痛点，能够快速达成价值认同。成都作为城市品牌，以"休闲之都"为品牌灵魂，一句"成都，一座来了就不想走的城市"的品牌口令，让成都成为消费者心中的吃喝玩乐热土。

品牌灵魂帮助企业抓住人心灵深处的欲求，让品牌皆由心生，成为人心的自在之物。

● 品牌有灵魂，让传播更高效

在品牌的五大资产中，最重要的两项是品牌知名度和品牌的价值感知。品牌的知名度就是知道"我是谁"，毕竟"雁过留声，人过留名"，知名度是品牌传播的基本前提。品牌的价值感知，就是知道"我是能为你做什么的"，比如，农夫山泉做"天然水"，沃尔沃做"安全汽车"，飞鹤做"更适合中国宝宝"的奶粉。有句话说："与消费者不相关的品牌，不能被消费者关注。"因此，品牌不仅要让消费者记住名字，更要通过品牌灵魂的塑造，在消费者心智中预埋"价值管线"，把握其消费欲求，这样才能为消费者解决问题，满足其心智需求。所以，品牌没有知名度是万万不能的，但只有知名度而没有灵魂的品牌一定是空洞的。

以下是恒大冰泉在"为水疯狂"的几年间曾经传播过的几条广告语。

1. 长白山天然矿泉水。

2. 爸爸妈妈，我想喝恒大冰泉。

3. 真矿泉，真好喝。

4. 天天饮用，自然美丽。

5.天天饮用，健康长寿。

6.饮水、泡茶、做饭，我只爱恒大冰泉。

7.一处水源供全球。

8.恒大冰泉，中国真矿泉。

恒大冰泉变换广告语的背后，是对品牌价值的魂不守舍，左右摇摆。由此可见，一个品牌没有一个发自人心的品牌灵魂，就是没有生命力的，就是行尸走肉。品牌传播更不能做到气出一孔，水滴石穿，带来的只有传播上的"广种"和销售上的"薄收"（见图2-7）。

图2-7　恒大冰泉

"恒源祥——羊！羊！羊！"作为上海老字号的恒源祥，曾经是央视广告的熟面孔，大家耳熟能详。"中国有个恒源祥，十二生肖都很忙"。作为2008年北京奥运会的赞助商，恒源祥更是十二生肖齐上阵，开展了广告传播的十二生肖"车轮战"。恒源祥的广告简单、直接、记忆点强，但恒源祥在中国服装产业代表了什么价值呢？恒源祥没有品牌灵魂，很难积累品牌价值资产，造成大量优质传播资源的浪费。

正如德鲁克所说，企业作为社会的器官，就要为社会、为人们解决问题，提供价值。所以，**品牌需要通过品牌灵魂的发现与塑造成为消费者的心头好**，只有这样才能在传播中做到入眼入心、实至名归。

● 品牌有灵魂，让资本更青睐

在消费者的心智中可以开花结果的品牌价值，是资本最好的升值工具。虽然资本市场风云变幻，但毋庸置疑价值投资是资本市场永恒的主旋律。

股神巴菲特说："价值的一半是基本面，另一半是投资人的想象。"品牌价值正是企业基本面的核心，是让投资者欲罢不能的"催情剂"，也是企业最有力的资本杠杆。

三星电子曾将品牌价值作为企业高级管理人员和市场人员考核的关键业绩指标，让三星成为全球增长最快的电子公司之一。

今天，品牌作为企业的无形资产，已成为国际通行的财务报告和资产评估准则，与随着时间贬值、折旧的有形资产不同，品牌价值是逆生长的，只要善加管理，它会在时光中越挫越勇，获得长足的价值增长率。

贵州茅台在资本市场和白酒市场引吭高歌的原因有很多，但具有决定性的是茅台酒在国人心目中"国酒"的心智认知，这让茅台酒变得独一无二，成为款待贵客的首选和价值投资的"金牛"，成就全球酒业市值第一的王者地位。

以"科技性能"为品牌灵魂的特斯拉电动车，通过颠覆性的科技创新与整合，开创并重塑电车产业生态，其市值超越所有传统车企，成为当前汽车行业全球市值最高的上市公司。同样，可口可乐在可乐品类中，凭借"正宗经典"的品牌灵魂，其市值不仅长期盘踞全球市值百强，更成为全球饮料第一股。

能够超越老干妈的一定不是另一个老干妈，而是更健康更美味的佐餐品牌。福来为仲景食品制定了"健康佐餐"的品牌灵魂，与过去以老干妈为代表的主流的辣椒酱、咸菜等佐餐食品形成了鲜明的对比。其灵魂产品仲景香菇酱以香菇这一健康食材为主料，坚持低盐、低脂，拥有专利天然调味料，营养健康又鲜香，备受消费者欢迎，成为佐餐市场新爆品。2020年，仲景食品在深交所上市，成为行业第一股（见图2-8）。

图2-8　仲景食品上市答谢会

所以，**只有当品牌在消费者心智中独占一个强大的价值词语，才能真正拥有与资本市场对接的实力和博弈增值的话语权，而品牌灵魂正是与消费者心有灵犀的价值方法论。**

两千多年前，屈原在诗作《招魂》中多次呼唤"魂兮归来"，这是一名爱国诗人对楚怀王爱国之魂的深切呼唤与期待。

2019年4月16日，习近平总书记在《求是》杂志上发表了重要文章《一个国家、一个民族不能没有灵魂》。灵魂的塑造与锤炼，已经上升到国家意识形态的战略高度。同样，每家企业、每个品牌更要有灵魂，用品牌灵魂与消费者构建价值共同体，用品牌灵魂让企业基业长青。有灵魂的品牌，才真正有未来。

品牌灵魂的诞生地：消费集体意识

● 品牌要说心里话，要说人心里本来就有的话

百果园，抓住了"好吃"这一水果的本质属性和消费者的内在需求，将"好吃"作为品牌灵魂，构建以"好吃"为使命的供应链，成为名副其实的中国水果连锁零售第一股。

沃尔沃的创始人阿瑟·格布尔森曾说过："车是人造的。无论做任何事情，沃尔沃始终坚持一个基本原则——安全！现在是这样，以后还是这样，永远都将如此。"沃尔沃用汽车的安全性这个既敏感又广谱的消费痛点，打造了"安全"这一深入人心的品牌灵魂，并成功跻身全球高端汽车品牌前列，成为更多理性、务实的消费者强有力的购买动因和安心之选。无论科技如何发展，无论时空如何变幻，安全永远第一（见图2-9）。

又如，星巴克咖啡就是洞悉到消费者的家越来越私密，公司空间越来越局促，人与人的见面沟通越来越频繁、随机，消费者需要一个公司楼下的"会客厅"、家宅旁边的聊天室、你知我知的约会地。因此，星巴克以"第三空间"为品牌灵魂，成为全球咖啡市场的"空间之主"。

王阳明说："心外无物"。所有的决策者都要学会从"心"开始，都应该培养自己以消费者内心为起点的思维习惯，只有有正确的起点，才会有正确的终点。所以，福来也经常对客户说："找福

图2-9　沃尔沃

来，就是赋予您一双洞察消费者内心的眼。"

理学家朱熹在《中庸集注》中说："故君子之治人也，即以其人之道，还治其人之身。"这句话的原意是：君子教化他人的最好方式是用对方知道的事情或道理来教化。品牌不也是这样吗？**品牌塑造的最好方式，就是用消费者心里的观念和消费动机来塑造品牌，然后品牌反过来满足消费者内心的观念和动机。**从这个角度看品牌，不仅所有的事情都是一件事，而且起点和终点也是一件事——消费者心里的那些事。

今麦郎的白开水，就是把国人自古以来爱喝白开水的习惯，拿过来通过产业把"喝白开水"的内在需求扩充放大，用好产品再把"白开水"还给每一位消费者，硬是在寡头竞争的饮用水市场另辟蹊径，开创了新天地，年销售额突破30亿元。

由此可见，如果我们善于发现消费者在消费时的心里话，并用这些心里话为品牌构筑灵魂，那品牌就会与消费者心智变为一个牢不可破的有机整体，"你中有我，我中有你"，让品牌成为消费者自我意识的有机部分、不假思索的默认选项。怎样准确地发现、把握消费者的这些心里话，为品牌所用呢？这就需要我们研究消费集体意识。

● ## 消费集体意识：一切消费动机的发端

品牌要有灵魂，灵魂源自哪里？源自消费集体意识。善于洞察和把握消费集体意识，是为品牌塑造灵魂的前提。

1895年，弗洛伊德在《歇斯底里症研究》一书中首次提出潜意识的概念。此后，弗洛伊德的门生荣格进一步提出了集体潜意识，集体潜意识被人类普遍拥有，它在心灵的最底层，决定着每个人的未来倾向和可能性。集体潜意识无时无刻不影响我们的选择与决策。

我们心中的回忆都存放在哪里？当往事涌上心头，好似依稀就在昨日。当我们转念去思虑别的事，这段回忆又在心头消失了，它去了哪里？其实，回忆就存放在人的潜意识里。人是不可能同时想起自己知道的所有信息的，因为如果同时涌上心头，真的会思绪万千，那绝对是让人抓狂的混乱情况。所以，每个人都有一个存放事物与理念的"库房"，它就是潜意识。

为什么世界各国、各民族的远古神话故事构建都有些相似？为什么西方和东方的道德观念也基本相同？为什么古代的"中国制造"能够风靡西方世界？为什么今天西方世界的品牌和产品反过来又能在中国流行？这是因为人类的意识有很多是相似的，就像荣格提出的在集体潜意识中，人们拥有相似的心理原型。勒庞在《乌合之众》中说："由于普遍信念的存在，每个时代的人都被包裹在传统、观点和习俗的网络之中，这使他们都彼此相同，而且也无法挣脱彼此而单独存在。"在这些彼此相同的认知、事物、理念和欲求中，包含着人所共需，那些被人广泛需求的事物是驱动世界商业文明的真正源动力，是品牌走向世界的"心智红利"。

拼多多在一片争议中快速崛起，市值一度超越阿里巴巴，是京东的几倍；其海外版Temu上线不到两年，独立访客数量便达到4.67亿，仅次于亚马逊，排名全球第二。凭什么？本质上是拼多多抓住了"超级实惠"这一全球一致的人所共需的欲求。

所以，我们所说的消费集体意识就是建立在人所共需的心理事实基础上的，通过把握消费集体意识中的关键词语，福来为品牌塑造灵魂，构建心智竞争力。

消费集体意识如何定义呢？福来认为：**消费集体意识不是一个人的意识，也不是所有人的意识，而是决定品牌灵魂的核心群体意识。它是核心群体共有的认知和需求，是品牌获得强大内生动力的源泉。**

● 违背消费集体意识，品牌只是僵硬的躯壳

一个背离和漠视消费集体意识的品牌，注定只是没有灵魂的躯壳；反之，只有通过对消费集体意识的深刻洞察，才能发现自身的心智竞争优势，用民心民意为品牌注入灵魂。

就像《孙子兵法》中提到的"七计"中的第一计："主孰有道。"这句话放在品牌营销上是说：决策者最重要的是使消费者的意见与自己品牌的意见主张达成一致，让品牌与消费者心心相印，达成长期的价值共识，构建可持续的伙伴关系。这样品牌就是顺应民心的，就能够成为消费者的"心头好"，这才是塑造品牌的王道。

如果品牌建设没有从消费集体意识出发，没有顺应民心民意，

那品牌就行的是品牌"霸道",是品牌"霸权"。企业、品牌其实根本没有任何权利和能力,让消费者无条件听自己的话,同样消费者也没有义务必须成为品牌的"粉丝",为产品买单。所以,在品牌建设这件事上,违背消费集体意识者必亡!

诺基亚真的秉承"科技以人为本"吗?2006年,诺基亚占据全球近50%的手机市场份额。"科技以人为本"是诺基亚的品牌广告语,表达了诺基亚对用户的极大尊重,通过科技让手机越来越人性化。

但当以苹果为代表的智能手机悄然兴起,盲目自大的诺基亚依旧坚持走自己功能手机的老路,将智能手机这一更加以人为本、对消费者更友好的技术体系拒之门外。"科技以人为本"的品牌广告语,恰恰成为诺基亚的悖论,对消费者的对口不对心,让诺基亚真正赔了本,赔在了人心这一根本上。

20世纪80年代,百事可乐成功塑造了"更年轻"的品牌灵魂,并且推出了"口味盲测"行销活动。测试结果显示,喜欢百事可乐的人是喜欢可口可乐的人的1.5倍,这撼动了可口可乐的市场霸主地位。之后,可口可乐的高层诚惶诚恐,决意斥巨资调整可口可乐的配方,推出新口味。新口味的可口可乐一经推出,便引发了消费者的广泛质疑和不满,"铁粉"自发上街游行,抵制新口味。鉴于差劲的市场表现和巨大舆论压力,可口可乐又恢复了原来的配方。可口可乐为可乐品类开宗立派,从无到有,成为美国的国饮,代表美国精神。其"正宗经典"的品牌认知和多年不变的老味道已经深入人心,成为消费集体意识不可分割的一部分。而违背这一消费集体意识,换来的只有"铁粉"的反戈一击!

娃哈哈为什么笑不起来?元气森林又为什么元气满满?喝娃哈哈长大的一代,今天更多去喝元气森林了,因为元气森林用健康无糖的品牌灵魂，摁响了新一代消费者内心需求的"门铃"，让元气森林成为一个在价值理念上与新一代消费者心智高度契合的品牌，为消费者提供了更好的价值关照。而娃哈哈没有为消费者提供明确的价值，还走在产品驱动和渠道驱动的习惯路径上。所以，消费者对它无感。

● 中国式消费集体意识

"文化是一种成为习惯的精神价值和生活方式，它的最终成果是集体人格"。这是余秋雨先生对文化独到而简明的界定。

虽然人类存在人所共知的普世认知，但中国作为世界唯一没有文化断代的古老文明，脱胎于重农抑商的农耕文明，以"三纲"（君为臣纲，父为子纲，夫为妻纲）的宗族血统为社会宗法，以"五常"（仁、义、礼、智、信）的儒家学说为道统，这让今天国人的商业意识、消费观念与西方社会存在一些天然的差异性，就像现代营销学之父菲利普·科特勒说的那样："文化是影响人的欲望与行为的基本决定因素。"

与西方家庭中孩子成年后大多要离家独立生活不同，在家族血统的影响下，中国的父母是无限责任制，父母需要在孩子的哺育、教育、工作、住房、择偶，甚至孙辈的养育、教育上一管到底。

在传统农耕思维的影响下，国人的守土意识浓重，安居才能乐业，有自己的私宅成为普遍的刚性需求，这也让中国成为全世界最大的房地产市场。

在儒家礼教的影响下，国人更讲究孝道和随礼，信守尊老爱幼、礼尚往来、"有来无往非礼也"的观念，这就催生了如小罐茶、足力健、脑白金、六个核桃、特仑苏等品牌。在传统佳节临近及电商购物节"双11""双12""6·18"的助推下，中国的大多数商品基本都有礼品装。

　　国人有独特的养生理念也是别具一格的消费集体意识。在养生上讲究"药食同源"，枸杞、人参、阿胶、铁皮石斛、三七、红枣等都是药食同源的品类，在养生方面被国人奉若瑰宝。

　　随着中国国力的增强，国人对中国文化及中国制造愈加自信，国潮成为普遍的商业现象。从比亚迪、小米等造车新势力的崛起到化妆品品牌百雀羚、完美日记、花西子的成功逆袭，再到新中式茶饮喜茶、霸王茶姬等品牌的风靡全国，以及运动品牌安踏、李宁等的强势崛起，当下的国产品牌不拿出点国潮范儿，都会怀疑自身的存在感。

　　迥然不同的文化发端，让中国市场有其独特的消费集体意识。善于把握中国特色的消费集体意识，才能把握中国式战略机遇。 比如，王老吉的一个品牌案例就触及4种具中国特色的消费集体意识。

　　（1）王老吉凉茶迎合了国人"药食同源"的消费集体意识。

　　（2）"怕上火，喝王老吉"，把握住了国人"上火"的消费集体意识。

　　（3）王老吉的"吉"，放大了中国喜庆元素吉祥的"吉"。

　　（4）王老吉礼盒整箱买，锁定了佳节礼品市场，顺应了国人送礼的消费集体意识（见图2-10）。

图2-10　王老吉礼品装

又如，山东省以"好客"为全省文旅的品牌灵魂，打出"好客山东"的品牌广告语，就是把握住了大众对山东是"孔孟之乡"，是古代礼仪之邦的集体意识。河南则以"老家河南，文化中原"为品牌广告语，源于对河南是华夏文明发源地这一集体意识的精准洞察。

● 一粒大豆引发的消费集体意识

下面我们以国人爱吃的豆制品为例，看看在消费集体意识这一品类蕴藏着多少品牌的心智战略机遇。

大豆源于中国。几千年前，人们就开始培育大豆，开启大豆耕作史。豆腐同样源于中国，由西汉淮南王刘安发明。但传统豆腐作坊制作的豆制品不能被称为品牌，其只是用豆子做的产品，满足消费者吃豆腐的习惯。这种作坊也有做的豆腐不卫生、消费者不好维权等问题。

因此，北京首农食品集团基于这种消费集体意识，推出白玉豆腐品牌，为消费者提供安心豆腐。王致和作为豆腐乳的老字号，满足了消费者吃正宗酱豆腐的意识。永和将黄豆做成豆浆粉，满足消费意识中便捷喝豆浆的需求。达利集团推出豆本豆豆奶饮品，更进一步满足消费者即开即喝的需求，开启大豆快消3.0时代。馋嘴猴休闲豆干，满足了消费者休闲解馋的消费意识。金龙鱼推出更安心的小包装大豆油。在海天酱油带领民众步入瓶装酱油时代之后，六月鲜酱油以高品质的无添加轻奢酱油，赢得了消费者的青睐。老干妈用豆豉辣椒油的那一勺香辣，征服消费者的味蕾。北海道滨莉纳豆、斯维诗大豆卵磷脂胶囊，以及安利纽崔莱大豆蛋白粉，则用生物科技和深加工迎合了消费者养生保健的消费意识（见图2-11）。

图2-11　大豆里的"消费集体意识"

由上可知，将一颗小小的大豆放入消费集体意识中，会发现如此多的品牌战略机遇。所以，品牌灵魂哪里找？消费集体意识少不了。

品牌找魂：给品牌一个动人心魄的魂

● 用心智词语打动人心，塑造灵魂

2008年"三聚氰胺"毒奶粉事件曝光，中国婴幼儿奶粉企业的奶源及产品的安全性受到了普遍质疑，国产婴幼儿奶粉迎来了至暗时刻，进口奶粉品牌风生水起，牢牢占据市场主导地位。

自2015年起，飞鹤奶粉凭借自身"更适合中国宝宝"的品牌灵魂，开始了逆袭之路。"更适合中国宝宝"的品牌灵魂顺应了国人"一方水土养一方人"的文化认知，在国产奶粉背负"不安全"负面标签的状况下，用"更适合中国宝宝"转换消费话题，从进口奶粉的侧翼发起品牌战。2020年，飞鹤奶粉以14.8%的市场占有率超越雀巢（12.8%）和达能（10.4%），成为中国市场第一。

适合的就是最好的。飞鹤凭借对国人集体消费意识的深刻洞察，凭借对"更适合中国宝宝"这一消费者心智关键词的精准把握，带领国产奶粉浴火重生，让中国宝宝喝到好奶粉。

所以，品牌能够进入消费者心智中，发现自身的需求关键词，并以此为品牌塑造灵魂，不仅能帮助品牌在消费者心智中快速建立竞争优势，还能帮助品牌顺利度过市场的"深渊期"，用价值重塑未来。

● 穷尽消费集体意识中的需求关键词

福来认为，当今的中国正处在社会升级、产业升级、消费升级的新时代，在消费集体意识中，还有很多迫切、普遍的物质及精神需求未被满足，依然隐藏着诞生伟大品牌的战略机遇。

所以，为品牌洞察消费集体意识中需求关键词就显得尤为重要，就像《孙子兵法》强调的"知战之地"。每个品牌在"作战"之前，指挥官必须对"战场"的地理环境了然于胸，哪些地形是能够为我所用的，哪些地形是对我不利的，是需要注意规避和防范的。品牌的"战场"就在消费集体意识中，通俗地讲，就在消费者心里。了解品牌所在品类都有哪些需求关键词，就是**为品牌绘制消费者心智中的"作战地图"**，做到对心智"战场"的态势了然于胸。

我们以家用轿车品类的消费集体意识为例，绘制一张消费者心智中的轿车品类"作战地图"（见图2-12）。

丰田作为全球最大的汽车制造商，抢占了"耐用"的需求关键词。沃尔沃是"安全"这一词语的心智领袖。奥迪长期以"科技"为心智价值定位，并将汽车的灯做到了极致，被大众戏称为"灯厂"。宝马的心智关键词是"操控"，让消费者体验驾驶的乐趣。奔驰以"尊贵"为心智价值定位，奔驰S级更成为老板的标配。MINI COOPER汽车将消费心智中"可爱"的需求关键词据为己有。特斯拉电动车更是以可持续的科技环保理念，率先打开了精英阶层的心门。比亚迪以"极致性价比"后来居上，成为新能源车销量王。

以上就是轿车品类的"作战地图"，一个个消费集体意识中的需求关键词就是一个个价值高地，只有发现高地，品牌才能占山为王，决胜消费心智。

当然，中国电商行业也很典型：淘宝和天猫以产品丰富抢占电商先机，京东以快捷制胜，拼多多以实惠迅速崛起，抖音主打兴趣电商后来居上，东方甄选以知识直播成功上岸。

预测一下，下一个成功的电商品牌会打什么需求关键词？

图 2-12　轿车"作战地图"

● 竞争对照和自身对照

洞察竞争对手，如果洞察的只是其技术、新闻、产品、终端表现等这些消费者心智外的事物，那看到的只是现象，而不是竞争的本质，因为**洞察竞争看的不是竞争对手做了什么、有什么动作，而是洞察竞争对手在消费集体意识中抢走了什么**，以及是否对某个品类及消费动机形成了垄断。

比如，饮用水这个品类在消费集体意识中有"纯净、天然、营养、养生、喝白开水"等需求关键词，在"天然"这个需求关键词上，农夫山泉抢占了先机，其他品牌就很难在该消费动机上与农夫山泉硬碰硬。但在"纯净"这个需求关键词上，娃哈哈纯净水长期致力对其的抢占，长期通过广告对大众说："娃哈哈纯净水，爱的就是你"。但娃哈哈没有说明消费者爱娃哈哈纯净水的理由，并且娃哈哈后期对营养快线等饮料产品过度倚重，减少了娃哈哈纯净水的市场投入，所以娃哈哈对"纯净"这一动机的抢占并不彻底。反观华润旗下的怡宝纯净水，以"聚焦广东称王，后做全国市场"为路径，发挥城市市场的渠道长板，以"体育营销"为核心传播手段，通过压倒性的投入后来居上，成为纯净水品类第一品牌。

基于对消费集体意识的这一洞察，屈臣氏蒸馏水给消费者传递了一个"纯净"的理由——蒸馏水，这让屈臣氏成为高端纯净水的代表。正因为屈臣氏没有被娃哈哈常年广告狂轰滥炸的现象吓倒，而是用冷静、深刻的眼光去洞察消费集体意识的竞争真相，才进一步抢占了"高端纯净水"这个需求关键词。

同时，百岁山在品牌的心智竞争中发现了中高端矿泉水的心智空白；巴马丽琅发现了消费集体意识中"养生"这个无主之地；今麦郎则发现了消费者心智中"熟水"这个战略窗口。它们分别成就了各自的心智基本盘（见图2-13）。

图2-13　饮用水"作战地图"

所以，从表面看竞争，我们往往看到的都是"纸老虎"，只有往消费集体意识中看，才能看到"人心猛于虎"。

我们还要把自己放到消费集体意识中看。心理学研究发现，人心里认为自己的长相总是比自己的实际长相更好；同理，**在多数企业决策者心中，自己企业及产品的优点也会比实际情况更好、更多。**

所以，我们常说"不了解世界，是因为你不了解你自己"，企业决策者要想摆脱这种"顾影自怜症"，就要形成用消费集体意识为企业自身照镜子的能力。

综上，品牌就是要把品牌要素都一股脑地放到消费集体意识中看，从消费者的意识深层发问，在消费者的心里找答案，这就是福来品牌找魂方法论的核心理念。

品牌找魂就"四问"

● 追问一：消费者是谁

德鲁克说："一家企业的终极目标是创造客户。"所以，找寻品牌灵魂首要明确的问题是：我们的客户是谁？因此，"以客户为中心"成为管理者的口头禅，但多数企业对客户的界定是模糊、不着边际的。显然，企业、品牌的客户不能是所有人，就像《孙子兵法》中说："无所不备，则无所不寡。"意思是说在军事防备上，我们不能哪里都防备，哪里都防备就是资源的最大化分散，导致哪里都薄弱，哪里都防备不好。

在品牌人群的选择上也一样，如果品牌的消费者是所有人，则哪个人群也顾不过来，就像中国共产党解放全中国，是以工农阶级为基础的，而不是以所有人为基础的，正是搞清了"依托谁，团结谁，打倒谁"，中国的解放事业才得以完成。政治活动尚且如此，企业有什么理由不去有针对性地选择自己的消费者呢？

以白酒为例，飞天茅台针对的是"职级高、收入高、名望高"的"三高"人群；江小白面对的是城市中的年轻"小白"；老村长笼络的是城乡交界的基层打工者。同样是白酒，面向的人群却迥然不同，分层与分级很明显。因此，对"消费者是谁"的清晰认识，是精准把握消费集体意识的前提。

● 追问二：消费集体意识中有哪些需求关键词

前面说了，搞清消费集体意识中的需求关键词，就是为品牌绘制消费者心智的"作战地图"，有了这张地图，品牌建设才会更有针对性，更有胜算。

怎样把握消费集体意识中的需求关键词呢？其实消费需求也是有迹可循的，是有发展和分布规律的。马斯洛的需求层级理论，就为我们把握消费者的需求关键词提供了理论上的指引。马斯洛将人的需求用金字塔分为五个层级，由低到高依次为：

（1）生理需求：食物，衣服等，就像孔子说的"食色性也"。

（2）安全需求：医疗、住房、保险等。

（3）归属需求：凡是有社交属性的商品都与归属感相关，如腾讯QQ、微信、商会等。

（4）尊重需求：高端汽车、手机、酒水、酒店等，都是为消费者提供了尊贵的价值认同。

（5）自我实现需求：就是修炼一个更好的自己，公益活动、工作后的再教育等。

马斯洛需求层级理论揭示了人的成长与需求由低到高的普遍趋势，越是底层的需求，其人群越广大，需求也越牢固。

比如，云南白药凭借"化瘀止血、活血止痛、解毒消肿"的品类价值，实现了从药品到大健康产品的品类跨越，从人的生理需求和安全需求入手，构建起包含云南白药膏、云南白药酊、云南白药气雾剂、云南白药创可贴、云南白药痔疮膏、云南白药胶囊等在内的品类家族（见图2-14）。这不仅得益于云南白药强大的品牌灵魂和强悍的运营管理能力，还与药品能够触动消费者的底层需求密不可分。

图2-14 云南白药家族

下面我们就按马斯洛需求的五个层次看看大品牌的需求关键词分布。

（1）生理需求：士力架（横扫饥饿）、连花清瘟（抗病毒）、饿了么（美食多）。

（2）安全需求：德青源鸡蛋（安全）、沃尔沃（安全）、东鹏特饮（抗疲劳）。

（3）归属需求：北冰洋（老北京汽水）、兰格格酸奶（草原母亲酸奶）、红星二锅头（心中的红星）。

（4）尊重需求：皇家礼炮（成就）、巴黎水（品质生活）、奔驰（尊贵）。

（5）自我实现需求：竹叶青（平常心）、联合国儿童基金会（保护儿童）。

● **追问三：竞争对手在消费集体意识中抢走了什么**

在消费集体意识中，"危"与"机"是并存的。《孙子兵法》说，要先立于不败之地，而后胜。辨别客户心智中的危险与"雷区"，就是让品牌先立于不败之地。这些危险与雷区是什么呢？就是在消费集体意识中已经被竞争对手绝对抢占的需求关键词。

比如，"正宗"这个阿胶品类的需求关键词已被东阿阿胶抢占；农夫山泉抢占了"天然水"的需求关键词；"好大米"需求关键词被五常大米抢占；茅台抢占了"国酒"需求关键词。当一个强有力的需求关键词被某个品牌强势占有，那么新品牌就需要付出成倍的时间、精力、资金，也很难与已有的品牌分庭抗礼。因此，了解消费者心智中需求关键词的竞争态势，是品牌避实击虚的关键所在。

如何洞察这些已被品牌抢占的消费集体意识需求关键词呢？福来有一个简单有效的方法，叫**"代名词脱口而出法"，即向消费者提一个需求关键词，看其有没有脱口而出的品牌名称，如果有，那这个品牌就已经成为品类的代名词。**

如果我们说"最好吃的螃蟹"，消费者说"阳澄湖"；如果我们说"0糖气泡水"，消费者说"元气森林"，这说明两个需求关键词分别被阳澄湖大闸蟹和元气森林抢占了。反之，我们说一个需求关键词，消费者说不出品牌名，就说明该品类可能还没有被品牌抢占，是潜在的品牌心智机遇。

如果我们发现有多个需求关键词没有被品牌抢占，那么如何确定哪个需求关键词为品牌灵魂呢？这就需要我们进行第四个追问。

● 追问四：我的品牌灵魂词语是什么

通过这个追问，我们要在多个未被占领的需求关键词中选择一个作为品牌灵魂。

千难万难，抉择最难！福来就是要把这个看似错综复杂的问题简单化，因为只有简单的方法才能处理更复杂的问题，好比天下有不计其数的歌曲，但基本音阶只有"do、re、mi、fa、sol、la、si"。福来提出的品牌灵魂终极抉择方法，遵循以下基本原则。

1. 最强需求原则。

品牌灵魂应当是在未被抢占的需求关键词中，需求最迫切、最强烈的那个关键词。因为品牌抢占的需求关键词越精准，品牌竞争力就越强，更能够引起消费冲动。

电池的最强需求关键词是"电力强劲"，南孚电池对这一最强需求关键词进行了抢占，成为电池市场的绝对老大。

福来为心连心制定的"高效肥"的品牌灵魂，就是农户和农企在购买化肥时的强动机。

东鹏特饮在功能饮料"一哥"红牛之后，"借用"广告语"困了、累了，喝东鹏特饮"，即便是"热剩饭"，其市场依然风生水起，因为抓住了消费者买功能饮料的需求。

舒肤佳"强力杀灭细菌"的品牌灵魂，以及其对孩子这一特殊群体的关照，都是在强化消费者需求的迫切性。

2. 最广人群原则。

品牌灵魂应当是在未被占领的需求关键词中，需求最广泛、目标群体最大的那个需求关键词。

在今天的很多消费品类中，有许多大家共有的需求关键词还没有被占有。比如在全国消费者的心智中，最好吃的猪肉、鸡肉、鱼肉等都是哪些区域品牌和企业品牌？显然在这些品类中，"好吃"这个最基本的需求关键词还没有被强势占有。正因如此，福来策划的"蒙豚"草原黑猪项目，因其"纤嫩不柴，肉质鲜美"而备受欢迎（见图2-15）。

图2-15　蒙豚草原黑猪

福来为仲景香菇酱确立的品牌灵魂是"健康佐餐"。传统的佐餐食品如榨菜、辣椒酱，在消费集体意识中是好吃，但不够健康和营养，而以西峡香菇为主要原料的仲景香菇酱，其营养健康的属性非常鲜明。所以，健康佐餐是既能与传统佐餐食品划清边界，又有广泛群众基础的需求关键词。

李宁的全新品牌灵魂"民族自豪"，是在祖国日渐强盛的新时代对祖国的自豪与骄傲的表达，这就是这个时代最广泛和最强的人心红利。

3. 最低成本原则。

品牌灵魂应当是在未被抢占的需求关键词中，传播成本最低、传播效率最高的那个需求关键词。这是品牌价值上的"知行合一"，要充分考虑在多个需求关键词中，基于企业自身及产品的优势和特性好不好"事上练"。

要明确需求关键词在实际的品牌传播中是否易知、易证实。易知，就是如果以这个需求关键词为品牌灵魂，其是否能够在传播中用一句话获得消费者的理解和认同。易证实，就是这个需求关键词能够通过简单的方式被证实。

例如，福来为兴安盟大米确定的品牌灵魂是"纯净"，那这个需求关键词是否易知呢？兴安盟有地处东北地区上游的地缘优势，在消费者心智中，有上游生态比下游生态条件更好的常识，所以，我们在口头语里经常会说"争上游"。因此，兴安盟大米是来自东北地区上游的大米，其"纯净"在消费者心智中是理所应当的。"东北上游，净产好米"，我们用一句品牌口令，就获得了消费者的理解和认可（见图2-16）。

图2-16　兴安盟大米

那么兴安盟大米"纯净"的品牌灵魂好不好被证实呢？地图就是最权威、最直接的证实，在地图上兴安盟就在东北地区上游，大兴安岭向松嫩平原的过渡带，位于东北地区大米"金三角"的上端。

又如，vivo X20手机就用"逆光也清晰"这一消费者都有实际感受的场景，让大家快速认同vivo手机拍照功能的强大（见图2-17）。

图2-17　vivo X20手机

福来的品牌灵魂方法论是建立在国学、心理学和西方战略品牌理论基础之上，再结合我们多年在咨询实践中的切身体验与总结形成的。同时围绕品牌灵魂，形成了自身的思考逻辑和作业工具，我们称为品牌灵魂漏斗模型（见图2-18）。

通过1对1访谈、场景调研和互联网大数据调研，并以此为参考与启发，明确品牌在品类中的消费集体意识需求关键词，为品牌描绘消费者心智的"作战地图"，分析竞争品牌在消费集体意识中的优势，找寻消费集体意识战略机会，并以最强需求、最广人群、最低成本三个原则为抉择尺度，最终为品牌找到灵魂。

图2-18　福来品牌灵魂漏斗模型

第三章

战略定向：
确定先胜后战的事业方向

根
战略之根

魂
品牌灵魂

　　战略定向是以根与魂为核心，设定战略目标，布局业务组合，制定实施路径，配称关键资源，建立先胜后战竞争优势的整体战略部署。

　　志有定向，才能不畏浮云遮望眼，一张蓝图绘到底，·不走弯路、错路、回头路！

华为缘何能扛住"灭顶之灾"

2019年5月，美国商务部将华为纳入"实体清单"，切断其芯片供应，华为遭遇了现实版的杀人诛"芯"，遭遇了有史以来最大的危机。

2023年8月29日，华为Mate 60 Pro——全球首款支持卫星通话的大众智能手机悄然上线，搭载鸿蒙操作系统4.0，接入盘古人工智能大模型，搭载纯国产麒麟9000S芯片，自主研发、自主设计、自主制造，完全自主知识产权，拥有超5G网速。一机激起全球浪，受到消费者的热烈追捧。

4年多时间，华为突破全方位的打压封锁，扛住了一个又一个灭顶之灾，浴火重生、凤凰涅槃。

2023年年底，华为经营基本回归常态，收入超7000亿元，年度分红约770亿元，再次震惊世界。

华为凭什么？

任正非曾说："20多年来抵制各种诱惑，是华为最大的困难。"

所以，华为长期坚持**"不在非战略机会点上消耗战略竞争力量"**，在股票、互联网、房地产"热浪"一波赛过一波的时候，华为人仍坚守通信制造行业这一主航道，拒绝机会主义。

即便是2021年最困难的时期，华为依旧拿出了超1400亿元投入科研。从麒麟芯片、鸿蒙操作系统、盘古人工智能大模型，再到仓颉编程语言，华为坚持自产自研。华为坚信，只有掌握自主权，才不会被人牵着鼻子走。

华为南京研究所立着十个大字：**向下扎到根，向上捅破天**。所谓向上捅破天，就是在尖端技术层面站上制高点，完成对西方的反超；而向下扎到根，则代表着在基础技术方面，如EDA（电子设计自动化）软件、系统开发工具等，全面摆脱对海外市场的依赖（见图3-1）。

图3-1　华为南京研究所

2020年9月17日，任正非带队访问北京大学时表示，国家不仅要重视科学理论、工程技术的研究，也要重视一些不以应用为目的的纯研究。"不然我们怎么能向上捅破天呢？"他指出，我国的经济总量这么大，**"这么大的一棵树，根不强是不行的，不扎到根，树是不稳的"**。

聚焦主航道，拒绝机会主义。向下扎到根，向上捅破天！这就是华为持之以恒的经营王道、屹立不倒的事业密码。

志有定向，不走弯路、错路、回头路

志有定向，业有道途。战略定向就是确定事业方向，明确做什么、不做什么，先做什么、后做什么，自己做什么、整合做什么。

战略定向，不仅要确定大方向，还要规划一系列动作。战略定向是以根与魂为核心，设定战略目标、布局业务组合及实施路径，配称关键资源的整体战略部署（见图3-2）。

图3-2 福来战略定向模型

《大学》有云："知止而后有定，定而后能静，静而后能安，安而后能虑，虑而后能得。"谋定而后动，知止而有得。止于何处？止于至善。立坚定的志向，就可以心不妄动，随遇而安，不被外界影响。

"咬定青山不放松，立根原在破岩中，千磨万击还坚劲，任尔东西南北风。"清代著名书画家郑板桥的这首《竹石》，生动演绎了企业战略定向的过程：青山、岩石，是我们选择的安身立命的事业地盘；竹子，是我们确定的业务主干；千磨万击是必须做好关键配称；任尔东西南北风，是扛住风雨实现的战略目标；咬定，是必须有笃定前行的定力。

志有定向，才能有"任由风吹雨打，我自岿然不动"这份自信与从容，这在很多成功企业和企业家身上都能看得到。

美国西南航空公司专注短距离支线航空服务，以经济舱战略赢得市场，创造连续几十年的盈利纪录，成为世界航空业的传奇。相较之下，海南航空通过服务扬名立万，但后来想法太多、杠杆太高，最终导致资金链断裂，很是可惜。

《孙子兵法》曰："是故胜兵先胜而后求战，败兵先战而后求胜。"这指明了战争胜败的底层逻辑和根本之道，也就是我们常说的"谋定而后动"。

商场如战场。战略定向就是先要想清楚如何赢，"谋定而后动"，"先胜而后战"。

这里分两步，首先要能胜，这是基础条件，是基本面。通过洞察，有机会、有胜算、有可行性，然后才是战。总是急功近利，见招拆招，想到哪儿干到哪儿，摸着石头过河，这样便没有胜算。没有胜算的事情不要做，但为什么很多人还做呢？因为心存侥幸。

毛泽东告诫我们，"不打无准备之仗，不打无把握之仗"，回到企业经营上，有胜算，也不是马上去战，还要看可能性，条件具不具备。快就是慢，慢就是快。要有节奏，有步骤，集中优势资源，一步步推进，最终构建起基业长青的事业地盘。

福来经常说："**做企业没有捷径，最大的捷径就是选对路径，不走弯路。**"战略定向就是明确企业未来的发展方向，先胜后战，不走弯路、错路、回头路。

目标设定：围绕根与魂争老大

● 老大是一种战略性稀缺资源

杰克·韦尔奇出任通用电气CEO伊始，面对庞杂繁多的业务和低迷的市场，他去请教德鲁克：如何才能当好CEO。

德鲁克问了他一个简单的问题：假设你是投资人，会想要投资通用电气这家公司的哪些事业？

这个带着哲学命题的根本问题对韦尔奇产生了决定性的影响。经过反复思考，韦尔奇作出了著名的战略决定：通用电气旗下的每项事业都要成为市场领导者，**"不是第一，就是第二，否则退出市场"**。这就是经营上著名的"数一数二"原则，它开创了通用电气的辉煌时代，也成就了韦尔奇"世界第一CEO"的桂冠，更影响了一大批中外企业家。笔者也对此深表推崇，并在此基础上总结出具有中国特色思维逻辑和话语体系的"老大"战略，还于10多年前出版了《老大：中国企业的历史性机遇》一书，专门研究"老大"战略（见图3-3）。

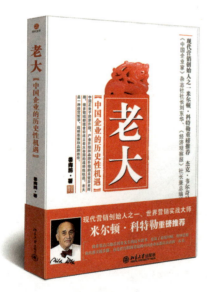

图3-3 《老大：中国企业的历史性机遇》

在书中，笔者反复强调：**老大是一种战略性稀缺资源，老大是一种不讲理的战略逻辑！成为老大，就会在品牌、资源、资本、成本、市场、消费者心智等方面，形成全方位的优势富集效应，拥有行业最大的主导权和话语权。**

重要的是做第一。很多人只知道世界第一高峰是珠穆朗玛峰，不知道第二高峰是乔戈里峰；中国第一个获得奥运冠军的是许海峰，第二个人是谁许多人都不知道。可口可乐真的更好喝吗？不一定，但因为它是饮料行业老大，所以市场更钟情它。这就是老大的价值，是"金牌效应"。

战略的首要目标是当老大。在群龙无首、集体沉默或高度分散的行业和品类中，谁先站起来、谁率先发声抢占消费者心智，谁就可能是老大！**在争夺老大的战争中，只有认知，没有真相；在消费者的心智世界里，世界不是平的，谁先升起，谁就是太阳。**

因此，明确了根与魂，明确了安身立命的事业地盘，就要在这一领域抢老大。要么不做，要做就做品类第一。

● 中国，诞生老大企业的天然沃土

"一个国家，如果没有足够多的人口来创造和利用国家力量的物质基础，就不可能跻身世界一流国家行列"。美国政治学家汉斯·摩根索曾这样论述人口与国力的关系。

战略专家古普塔在《称雄全球之路》中坚定地认为，全球只有中国和印度能同时带来足以改变世界游戏规则和格局的四大因素：一是为几乎所有商品和服务提供超大消费市场；二是为企业大幅削减全球成本提供平台；三是为推进企业的全球科技创新基地提供平台；四是为出类拔萃的国际竞争者崛起提供跳板。

中国有14亿人口，其中包含4亿新中产人群。这样庞大的内需市场足以支撑强大的消费、制造和创新需求。展望未来，无论是现代农业、日用消费品领域，还是新能源、新材料、人工智能、生物医药等领域，都有望产生体量巨大、盈利能力突出的标杆性企业。

中国是世界制造业第一大国，是全世界唯一拥有联合国产业分类中全部工业门类的国家。在500种主要工业产品中，中国有4成以上产品的产量位居全球第一，个人计算机、手机、空调、太阳能电池板等重要产品的产量占全球一半以上。

同时，中国历史悠久，文化底蕴深厚，多元的自然气候和地理地貌，孕育了其他国家难以比拟的自然资源和产品品类。以全球视角看，中式饮料（包括茶）、中餐、白酒、中药、养生保健品、丝绸等都拥有强大的国家心智资源。

超大内需市场是诞生老大企业的绝佳天然土壤。"一带一路"倡议，为中国企业创造提供了广阔的舞台。中国老大，"一不小心"很容易成为世界老大。

2023年1月16日，百果园集团正式登陆香港联交所，成为"中国水果零售第一股"。这家年营收破100亿元、门店超5000家的水果零售企业，在中国所有水果专营店及连锁店中位列第一。其开创的水果连锁经营模式，天然成为世界第一（见图3-4）。

图3-4　百果园登陆香港联交所

抖音，开创并引领了中国短视频和直播电商市场，抖音国际版TikTok成功出海，迅速风靡世界，成为全球最大独角兽企业之一。

牧原集团始终聚焦养猪主业，现已形成集饲料加工、种猪育种、生猪养殖、屠宰加工等于一体的综合型现代化集团，总资产超1900亿元，成为世界养猪业老大。

比亚迪、宁德时代、潍柴动力、小罐茶、好想你、三全、安踏、恒安、晨光生物、云南白药、片仔癀、奇正藏药、海底捞等，也都成为各自领域的老大。这就是中国市场的魅力。

● 老大战略"增长三部曲"

做老大分三步：**第一步是做小池塘里的大鱼；第二步是做大池塘里的小鱼；第三步是做大池塘里的大鱼。**

"老乡鸡"就是"小池塘里的大鱼"。2020年，老乡鸡一场200元的乡村发布会引起网络围观。在此之前，老乡鸡的全国知名度并不高，但其在安徽是快餐连锁的老大，肯德基、麦当劳也只能甘拜下风。老乡鸡扎根安徽市场，年销售额超过20亿元，真正成为"小池塘里的大鱼"。目前，老乡鸡开始了"老大战略"的第二步"做大池塘里的小鱼"，逆势飞扬，进军华中、华东地区，进一步布局全国。

江苏共创人造草坪股份有限公司（CCG），专业从事人造草坪的研发、制造和销售，2004年位列全国人造草坪品牌前三名，2005年成为中国第一，2006年成为亚洲第一，一步步成为全球老大。产品远销全球140多个国家和地区，是国际足联（FIFA）、国际曲棍球联合会（FIH）、世界橄榄球联合会（World Rugby）推荐的全球优选供应商。

对于乳品企业而言，做不了牛奶老大，可以做酸奶老大；做不了酸奶老大，可以做草原酸奶老大。这是福来为兰格格乳业制定的战略目标。

2017年5月，福来通过寻根找魂，为兰格格乳业战略定向"草原酸奶"，品牌灵魂为"草原酸奶世家"，并基于老大战略，制定"内蒙第三·中国第一"的战略目标（见图3-5）。

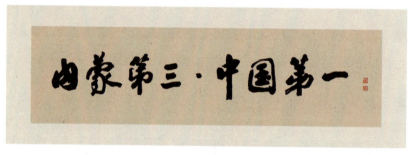

图3-5　兰格格战略目标

这个听上去逻辑混乱的目标，自带话题性和传播性，吸引很多人好奇追问，这也是品牌故事的一部分。内蒙古牛奶行业，伊利、蒙牛两大巨头高高耸立，后进者很难撼动，兰格格乳业最多只能争做内蒙古第三大乳企。而在草原酸奶细分品类上，兰格格乳业则要勇敢抢占"中国草原酸奶老大"，扎根大草原，专做好酸奶。"内蒙第三·中国第一"，这就是兰格格未来的发展方向与事业目标。目前，兰格格乳业已实现7年增长10倍的战略目标，草原酸奶开创者与引领者的江湖地位初步奠定。

20世纪80年代，郭思达担任可口可乐董事长后，发现公司陷入增长困境，尽管市场份额已经位列全球碳酸饮料第一名，但增长速度在不断下降。当所有人都认为可乐市场已经饱和时，郭思达却说，不要只考虑企业在可乐市场的份额，还要考虑可乐在消费者肚子里的份额。郭思达用"肚子份额思维"重新定义了品类，放大了市场空间，从可乐到饮料，进入大池塘，成为"大池塘里的大鱼"，并一直霸占世界饮料老大的宝座。

比亚迪，从电池到电动车，从中国到世界，一步步迈向老大。安井，从鱼丸起家，到速冻食品老大，再到万亿预制菜赛道。三一重工、双汇、富邦等，则通过并购，从中国老大走向世界老大。诸多案例都验证了老大战略及老大的成长历程。

正确的战略目标设定，会给企业带来方向感、探索欲，会激发企业的巨大创造力和张力，引领企业积极向前。

老大，无疑是最具中国特色和发展张力的战略目标定义。

业务路径：从根与魂出发，布局事业地盘

业务是战略工具，是实现战略目标的载体。业务是由一个个业务单元构成，不同业务单元承担不同使命，而且推出的次序不同。**业务路径就是基于根与魂，放眼未来，规划现在，进行业务单元及推出次序的开发、规划与设计。**

● 主营业务是"1"，其他的都是"0"

《道德经》讲："道生一，一生二，二生三，三生万物。"这是万事万物发展的自然规律和内在逻辑。对于企业而言，**承载根与魂的主营业务就是一，一生二，二生三，三生万物，形成业务组合与发展路径。**

"1"是企业主营业务，也是企业的核心产粮业务，要始终保持领先优势。有根才有枝，其核心要义是先做好"1"，再去加后面的"0"；做不好"1"，1万个"0"相加，最终还是"0"。

小米和乐视是正反两个典型例子。小米是把手机主业做到持续领先，再布局其他业务单元，构建生态圈；乐视则是在互联网电视领域刚刚取得优势之际就广撒网，多面开花，大跨步进入体育、娱乐、手机、汽车等领域，严重依赖融资进行"输血"式扩张，结果根基不稳，陷入困局。

美团，以美食团购业务起步。2015年并购大众点评，开启第

二业务曲线——外卖，逐步形成以"吃"为核心，通过到店和外卖这两个高频服务，带动旅游、租车等低频服务，形成美团商业生态（见图3-6）。

图3-6　美团主要业务线分布

　　总结过往的互联网商业历史，绝大多数互联网企业都符合这个规律。比如BAT（百度、阿里巴巴、腾讯）现在的业务都很庞杂，但早期发展阶段都是聚焦"1"，先全力成为行业老大，再进行业务延展。

　　阿里巴巴是在获得电商行业的龙头地位后，才开始延伸到以支付宝为核心的互联网金融业务，然后是阿里云、菜鸟裹裹等，形成"飞轮效应"，构建生态与平台。

　　我们熟悉的富士胶卷，在数码相机、智能手机的连番冲击颠覆下，不仅依旧活着，而且焕发了第二春。富士重新崛起的转折点是古森重隆在 2003 年担任 CEO 后，基于核心技术，重新界定了事业边界，在数码影像、光学元器件、高性能材料、印刷系统、文件处理、医疗生命科学等行业转型或开拓。这些多元化业务看似与胶卷风马牛不相及，其实都是基于胶片背后的成像、纳米分散、制膜、精密涂布、抗氧化等核心技术，拓展至新场景，创造出新的活力。所以，基于胶片的核心技术成了富士的"1"。

根基不牢，地动山摇。主营业务是企业的核心产粮业务，也是战略目标达成的根本。"1"，要足够强，要能形成极致竞争力。然后基于"1"，开枝散叶，进行"1+N"布局。

欧洲管理思想大师查尔斯·汉迪提出了企业发展第二曲线理论，简称"第二曲线"。说的是当企业出现业绩增长拐点的时候，就必须思考通过创新发现第二曲线。但是，如果没有第一曲线，何谈第二曲线？第二曲线也是源于"1"。

福来为心连心集团制定了"高效肥"的根与魂，提出"中国高效肥领导者"的战略目标。业务路径是"以肥为基，肥化并举"，企业在做大做强高效肥主业的同时，向上游煤矿等资源地发展，向下游新能源、新材料等产品链延伸，先后推出高纯车用尿素溶液、深冷能源等。在行业低迷的大环境下逆势飘红，走出了一条高质量发展之路。

《大学》有一句名言："物有本末，事有终始，知所先后，则近道矣。"短短 16 个字，道出业务路径的本质与精髓。对于企业而言，就是要制定合理的业务发展路径，有节奏地构建事业蓝图。福来认为，业务发展路径有三。

● 路径一：有先有后

先做什么，后做什么，要明确业务推出次序。一棵小树苗长为参天大树，要经历"先生根再生长，先主干后枝叶"的过程。

农夫山泉，作为中国本土饮料品牌大哥大，其业务路径是从聚焦一瓶"天然水"开始，连续多年保持中国包装饮用水市场占有率第一。其主营业务立稳后，才推出果汁饮料业务，然后是茶饮料业务、功能饮料业务、生鲜水果业务等，形成了突破400亿元的健康饮品战略版图。2020年9月，农夫山泉在港交所上市，市值突破5000亿港元，助推其创始人多次登顶中国首富宝座。

福来战略客户仲景宛西，先扎根以六味地黄丸为代表的经方中药，成为品类冠军，再从主业战略蔓延，逐渐形成中药工业、中药农业、中药商业、医疗、养生、健康食品六大业务板块，构建起仲景大健康事业版图（见图3-7）。

图3-7　仲景宛西大健康事业版图

戴森，先是推出戴森吸尘器，让大家一见倾心，随后逐步推出戴森加湿器、戴森无叶风扇等。

苹果，先是推出iPhone，开启了智能手机新时代，随后陆续推出iTouch、iPad、Macbook、Apple Watch、HomePod、Apple Vision Pro等数码产品，引领了世界科技潮流。

贵州，从"八山一水一分田"的生态之根，发挥独特气候优势，从发展原生态旅游到逐步建立世界级大数据中心，数字经济增速连续多年位居全国第一，成为世界认识贵州的又一张亮丽名片。

大道至简，知易行难。当年，恒大集团大手笔砸下70亿元，进军大农业领域，粮油、乳业、畜牧"三箭"齐发，结果轰轰烈烈开场，凄凄惨惨收兵。除了"短周期、快回报"的地产逻辑与"长周期、慢回报"的农业逻辑相冲突这一根本原因，其在业务组合的节奏与协同上也犯了"大干快上"的冒进主义错误。

不要把伟大企业的现在当作其昨天，以为其昨天就是这样。大企业都是从小企业成长起来的，庞大的业务也是有先有后，一个个积累而成。这是规划业务路径的底层逻辑。

● 路径二：有主有次

主做什么，辅做什么，不同业务的战略使命与侧重点不同。养10个侏儒级，不如集中资源培育业务"巨人"，形成**"明星带动、组合制胜"**的健康业务生态。

小米先后推出手机、电视、路由器、平衡车、空气净化器、体重秤、移动电源、插线板、音响等庞杂的产品，虽然其中很多是小米生态链企业做的，小米只是投资与赋能，但依然让很多企业蠢蠢欲动想要效仿，以为这就是小米的成功方法论。但是，手机才是小米的主营业务，是其安身立命的事业地盘，绝不容有任何闪失。

2016年，当雷军热衷构建智能家居生态之际，小米手机中国区表现不佳，连续三个季度出现两位数下滑。根基不牢，地动山摇，雷军火速调整，再次出任中国区总裁，狠抓手机和供应链业务，一年后才转危为安。否则，小米今天可能已经失守，更难有小米汽车的问世。

中国黄金集团在坚持聚焦主责主业、深耕细作矿产资源开发的同时，以金为主，打造黄金全产业链，进军下游终端零售领域。福来助力中国黄金集团，以"更纯、更赤、更值"的开发理念，推出"黄金月饼""黄金对联""中国黄金投资金条"等创新产品，引领中国黄金零售市场发展，打造出强劲的第二增长曲线。2021年2月5日，其终端零售板块在上海证券交易所主板上市（见图3-8）。

图3-8　中国黄金北京首都机场专营店

石药集团是全球最大的维生素C原料供应商之一，虽然可口可乐、百事可乐、卡夫食品等国际企业均是其合作伙伴，但其存在感很弱。与此同时，原料药出口受阻，利润逐年降低，这时战略延伸势在必行。福来协助石药集团推出面向消费者的果维康维C含片，重构营销要素，功能食品化、食品功能化，药店和商超双管齐下，并在全国进行"全球维C专家，迈出关键一步"的战略推广与招商，成功开辟和引领维C含片新品类，重塑"全球维C专家"品牌地位和价值链条（见图3-9）。

图3-9　石药集团招商广告

全球10朵茉莉花，有6朵产自广西横州。福来围绕"世界茉莉花产业中心"为横州茉莉花产业制订了非常"1+9"业务结构（见图3-10）。"1"就是茉莉花，是主营业务，通过标准化、品牌化和国际化，夯实这个"1"。然后纵横延伸，拓展茉莉花茶、茉莉盆栽、茉莉食品、茉莉旅游、茉莉日化用品、茉莉餐饮、茉莉药用、茉莉体育、茉莉康养9大业务群，2024年总产值突破160亿元，成为乡村振兴的"横州样板"。

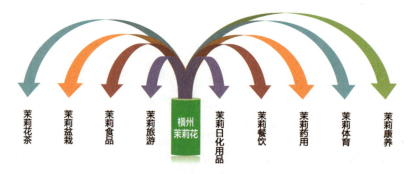

图3-10　横州茉莉花"1+9"业务结构

"维维豆奶，欢乐开怀"。维维集团曾经的市场占有率达70%，被誉为"中国豆奶大王"。2000年6月登陆资本市场后，维维集团放飞自我，开启长达多年的多元布局之路，构建起饮料、白酒、乳业、煤炭、食用油、房地产、粮油贸易、茶叶八大行业的"帝国"。然而，疯狂跨界并未让维维集团实现跨越式发展，还差点拖垮主业，其豆奶粉市场占有率一度下降至0.51%，导致维维股份实控人变更。

副业不兴，主业不振。失去"植物蛋白"根与魂的维维集团，似乎已经开始醒悟与回归。然而，当今的豆奶市场格局和竞争态势早已今非昔比。不过，福来认为，植物蛋白市场依然是黄金赛道，维维集团仍有机会再次"欢乐开怀"。

● 路径三：有内有外

荀子在《劝学》中说："君子生非异也，善假于物也。"

自己做什么，借力做什么。现在是资源整合的时代，一方面要靠内力，另一方面要善于借外力。另外，内部的支撑服务也可以成为对外的业务输出，一举两得。

亚马逊AWS（Amazon Web Services），也就是亚马逊云服务业务，以低廉的价格和高效的云计算服务，吸引了大量的开发者和企业用户，成为全球最全面、应用最广泛的云平台之一。很多人可能不知道，它是由亚马逊内部服务孵化而来，起初是为了满足其内部需要。亚马逊AWS的成功，不仅提高了自身的竞争力，也推动了整个云计算行业的发展，成为有内有外的典型案例。

美的集团，从电风扇起家，随后扩展至空调、冰箱、洗衣机等领域，成为白色家电巨头和小家电王国，其采取的是内部培养模式。后来，美的集团看好机器人产业的战略机遇，采用外部并购方式，花费约315亿元收购全球机器人公司"四大家族"之一的德国库卡（KUKA），一举奠定自身在智能机器人领域的行业地位。同时，大大提升了美的集团的智能制造水平（见图3-11）。

图3-11　库卡生产车间

全球软件巨头微软耗资百亿美元战略性投资和整合OpenAI（ChatGPT母公司），在人工智能领域一下跃升至全球前列，2024年1月其市值开始超越苹果，跃居全球第一。中化集团收购先正达，构建全球种业及农化服务版图。海尔通过收购GE家电，直接杀入和占领了美国家电市场。安踏通过收购斐乐（FILA）、亚玛芬体育（Amer Sports，始祖鸟的母公司），不仅快速实现了在中高端服装市场的战略布局，还成功迈向了全球化。

英特尔与微软的联盟，腾讯与京东的合作，则是典型的战略联盟——基于各自强盛的战略之根的优势互补与资源整合。

罗马城不是一天建成的，一口吃不成个胖子。只有知所先后、明晰主次、内外结合"三位一体"，才能设计出科学适配的业务路径（见图3-12）。

可口可乐曾收购葡萄酒公司、哥伦比亚电影公司，都以失败而告终，因为这些都脱离了其战略之根。反而收购果汁品牌美汁源很成功，它与可口可乐、雪碧一道有主有次地巩固了可口可乐的饮料帝国。

图3-12　业务路径

达尔文在《物种起源》一书中提出了进化论：自然界的物种处于不断变化之中，由低级到高级、由简单到复杂。自然界无飞跃，企业界也无飞跃。

"万变不离其宗"，这是源于《荀子·儒效》和《庄子·天下》的中国智慧。"宗"，就是企业经营的根与魂。所以，**企业在发展过程中，必须从根与魂出发，设计路径，布阵排兵，规划业务，步步为营，久久为功，方能生生不息。**

● 速度与节奏：不走弯路是最大的捷径

有了目标，明确了路径后，关键就是节奏与速度。几乎每家企业都追求速度，因为速度能带来快感、成就和满足。但中国有句老话：欲速则不达。速度是考验企业家战略定力与把控力的"试金石"。

翻开《现代汉语词典》，"速度"泛指快慢的程度。但是，

"速"和"度"是两种事物,"速"指速度、迅速,"度"指程度、限制、行为准则等。**有"速"无"度",就会失控。有"度"无"速",就会失势。**无势就没有气,无气势就不可能势如破竹。这是"速"和"度"的辩证法。

德鲁克曾说:"人们往往高估了一年所能取得的成绩,而大大低估了30年、50年所能取得的成绩。"

在新冠疫情防控期间,海底捞时任CEO张勇做出了逆势扩张的决定。一年半时间猛增800余家门店,导致海底捞内部经营和管理压力倍增。更主要的是疫情暴发,居家隔离成为常态,门店客流量迅速减少,餐饮行业遭到了前所未有的打击。盲目扩张的结果往往是灾难性的。截至2021年年底,有260家海底捞门店永久关闭,32家暂时停业休整,导致海底捞损失30多亿元。好在海底捞家大业大,迅速调整,很快上岸。对中小企业而言,这可能就是一场灭顶之灾。

20世纪末,欧美光伏市场兴起,而当时全球太阳能电池产量非常少,海归学者施正荣抓住了这一巨大的商机,2001年在无锡成立尚德电力,2005年在纽交所上市,从此走上了快速扩张的路子。在2005年年底到2008年,尚德太阳能电池产能从100多兆瓦一路猛增至1000兆瓦,由业内"新兵"跃升至全球第一。随着中国众多光伏企业跟进上市,"价格战"也愈演愈烈。2008年金融危机爆发后,光伏产业的泡沫开始破灭,但尚德依然高歌猛进,其光伏组件产能在2012年达到2.4吉瓦,成为全球四大光伏企业之一。2013年,尚德遭遇全球产能过剩、欧美对华"双反"等系列危机,曾经拥有无尽荣耀的尚德,陷入资不抵债、破产重组的绝境。

不仅是中国企业,雷曼兄弟、安然、房利美、索尼、松下等全球巨头,也在速度与节奏把控上有过惨痛的教训。

吴晓波在《大败局Ⅱ》中谈道："商业是一场总是可以被量化的智力游戏，商业是一场与自己的欲望进行搏斗的精神游戏，但归根到底，商业是一场有节制的游戏。"

曹德旺说过这样一句话："做人做企业不要贪，而是循序渐进，要知道，一口吃不成大胖子，只有脚踏实地做事，企业才能不断发展。"

大道至简，字字千金！

关键配称：上天入地，将根与魂扎深扎实

配称是战略定向的关键动作，是对关键资源以及关键成功因素的最大化整合和极致抢占。企业在资源配称上需不断回答：我们有什么关键资源？我们需要什么关键资源？我们该如何获取关键资源？这方面，华为一直坚持"压强原则"。《华为基本法》第23条明确规定：我们坚持"压强原则"，在成功关键因素和选定的战略生长点上，以超过主要竞争对手的强度配置资源，要么不做，要做，就极大地集中人力、物力和财力，实现重点突破。

● 关键配称，用根与魂统领内外资源

关键配称，就是用根与魂统领企业和行业内外的关键资源，是构筑竞争壁垒和"护城河"，也是修炼"内功心法"，将竞争对手和模仿者拒之门外。配称是一个过程，而不是一种状态。这个过程永远不可能结束，也不可能停下来。

福来认为，做好关键配称要坚持"上天入地"原则："上天"要抢占行业制高点，"入地"要修炼根源竞争力（见图3-13）。

图3-13　福来关键配称模型

● "上天"配称：抢占行业制高点

对于企业而言，发展就要抢占先机。"上天"配称要从技术、标准、地位、背书四个方面进行抢占。

1. 抢技术。

科技是第一生产力。抢技术是关键配称的第一性原理，是提高企业竞争力、保证企业持续发展的源头活水，是基业长青的强劲动力。

华为连续7年稳居全球专利申请榜榜首，凭借超6400件专利震撼全球。华为的专利库中，5G和6G专利数量世界最多，成为中国乃至全球技术创新的代表。同样，走进字节跳动总部，其走廊最醒目最重要的看点就是长长的专利墙。

宁德时代与比亚迪通过全球领先的电池技术，抢占了世界电池市场大半的份额。宁德时代起步时研发的重心是三元锂电池；而比亚迪主要是走磷酸铁锂电池技术路线，将电池设计成长又薄、似刀片的单体电池，所以叫刀片电池。到2022年，刀片电池循环充电次数已达到3000多次，而普通三元锂电池的循环充电次数仅为2000次左右。比亚迪通过刀片电池技术赢得了市场地位，成为民族品牌的骄傲。

在技术研发上，比亚迪已累计投入上千亿元资金，在最近的10余年中（2011—2024年），比亚迪有13年的研发投入高于净利润。尤其在2019年，其净利润只有约16亿元，但比亚迪创始人王传福咬紧牙关，依然在研发上投入了约84亿元。

兰格格乳业，与我国益生菌研究领域的权威专家任发政院士团队合作，研发出系列草原益生菌，创建了草原酸奶菌种资源库，掌握了核心专利技术，打造出中国的"酸奶芯片"（见图3-14）。

图3-14 草原酸奶菌种资源库成立大会

元气森林与江南大学联合组建"江南大学—元气森林减糖健康研究院",通过对糖的"死磕",不断夯实"0糖"饮料的产业地位。

实践告诉我们,一个国家或一家企业只有拥有强大的科技创新能力,才能在激烈的竞争中站稳脚跟、赢得主动权。

2. 抢标准。

一流的企业做标准,标准就是话语权,就是制高点。

微软和英特尔两家领军企业为推动PC产业的发展,组成了Wintel联盟。Wintel联盟通过制定技术规范,成功抢占PC产业事实上的标准,在全球PC产业中形成了双寡头垄断的结构。

苹果公司开发iOS移动操作系统,华为开发鸿蒙系统(HUAWEI Harmony OS),Google公司开发安卓系统(Android),都是通过抢占标准树立行业地位。福来的客户史丹利集团,通过参与起草和抢占国际复合肥标准,确立了中国复合肥行业老大的地位。寿光通过建设全国蔬菜质量标准中心,推动中国蔬菜产业升级,提升了寿光蔬菜产业的知名度和行业话语权。

要问当下哪家企业最能牵动全球资本和科技的心？一定是英伟达。2024年3月18日，英伟达在美国加利福尼亚州展示了人工智能领域的最新进展——Blackwell芯片。这是新一代AI图形处理器（GPU），不仅在处理万亿参数级的大型语言模型（LLM）方面能力卓越，而且成本和能耗相比前一代降低25倍。英伟达通过在人工智能领域一步步提高技术标准，巩固了其在全球科技领域的领导地位。

3. 抢地位。

有位才有为，因为有位才能更好地有为。可口可乐作为世界第一饮料品牌，遵循"看得到、尝得到、买得到"的"三到"策略，产品全渠道推广，随时随地强化老大地位。尤其在终端抢位上，可口可乐是终端冰柜战略开创者。多年来可口可乐每开拓一个市场，就会把印有可口可乐标志的冰柜铺过去，将"冰柜终端战"打遍全球，牢牢掌控主导权。

2023年8月5日，在世界奶业大会上，呼和浩特被国际食品科学技术联盟正式授予"世界乳业科技之都"称号。呼和浩特从中国乳都变为世界乳业科技之都，就是为了抢占世界乳业科技制高点。

蒙牛、伊利两大巨头之下，中小乳企如何生存？福来为兰格格乳业确立草原酸奶的事业地盘，并围绕草原酸奶进行系列关键配称：创办并持续举办"中国草原酸奶大会"，建设"中国草原酸奶之都"，发布《草原酸奶蓝皮书》，创立草原酸奶工程技术中心，快速抢占"中国草原酸奶老大"地位。

为了夯实横州茉莉花产业老大地位，福来策划了"抢占世界茉莉花都""创办世界茉莉花大会"两件大事，并高质量落地，牢牢占据行业老大战略地位（见图3-15）。

另外，简一（GANI）斥巨资在广东清远建立全球首个大理石瓷砖研究中心，好想你集团创办中国红枣博物馆，百瑞源创办中国

图3-15　横州被授予"世界茉莉花都"

枸杞博物馆，也都是在抢行业地位。

4. 抢背书。

自说自话，不如第三方证言。权威背书是最好的证明力和说服力，世界级的大会，如奥运会、世界杯、G20峰会、博鳌亚洲论坛等都有金牌背书。这种大会本身就是大IP，是巨大的流量池、品牌信誉的放大器。

1964年东京奥运会，以索尼为代表的日本品牌崛起。1988年汉城奥运会，以三星为代表的韩国品牌崛起。中国第一个吃奥运"螃蟹"的是健力宝，走进1984年洛杉矶奥运会后一炮走红，被誉为"中国魔水"。

竞争最激烈的当属伊利和蒙牛2008年奥运会赞助商之争。最终，伊利成为北京奥运会乳制品赞助商。借着赞助北京奥运会的"资历"，伊利在此后的奥运会赞助商争夺战中一路顺风顺水，先后服务了伦敦奥运会、索契冬奥会、里约奥运会、平昌冬奥会、北京冬奥会等，大大提升了品牌的全球影响力。

菌菇是营养丰富的食材。2012年，神舟九号升空后宇航员的第一顿舱内早餐就有干烧菌菇。航天，则代表着高科技、高品质。2020年，仲景食品（灵魂产品是香菇酱）与中国航天基金会合作，对标航天品质，提升了仲景食品的品牌影响力和竞争力。

当然，抢占明星运动队和明星人物也是很重要的背书形式。在这方面做得极致的是耐克。20世纪80年代，耐克联合飞人乔丹推出的Air Jordan系列篮球鞋（见图3-16），不仅拯救了耐克的命运，而且一举奠定了耐克在篮球鞋市场的江湖地位。现在，耐克已和许多知名NBA球队与明星签约，几乎垄断了NBA资源。在中国市场，耐克也毫不手软，姚明、刘翔、易建联、李娜、苏炳添等知名运动员均是其品牌代言人。

图3-16　Air Jordan系列篮球鞋

● "入地"配称：修炼根源竞争力

基因是最大的原因，"上天"抢位的同时要做好修身，培育根源竞争力。在这里，福来提出了一个新概念——根源竞争力。

什么是根源竞争力？简单理解，就是**源于"根与魂"的竞争力，是保证企业长期可持续竞争优势的原生力量**。培育根源竞争力的过程，就是"入地"配称。根源竞争力更进一步可以发育成极致竞争力。

1. 固源头。

农夫山泉，围绕"每一滴农夫山泉都有优质的水源"进行天然水的水源地战略布局。截至2024年，其在全国已布局12大水源地，包括浙江千岛湖、吉林长白山、湖北丹江口、新疆玛纳斯等。覆盖全国的优质水源地，是其围绕"天然水"根与魂进行的"入地"化关键资源配称。

企业间的竞争表面是品牌和产品，背后是供应链。供应链是企业高质量发展的坚实底盘。京东物流通过多年布局和运营，支撑了京东的"多、快、好、省"战略，构建了京东的源头竞争力。很多人因为京东送货快、服务好，而选择在这里下单。新冠疫情防控期间，钟南山院士对京东情有独钟，亲笔写下感谢信："感谢京东心系医疗援助一线，以最快的速度将急需医疗物资送达武汉。"一下引爆了朋友圈（见图3-17）。

仲景牌六味地黄丸，坚守"好药材"的品牌灵魂，率先在行业

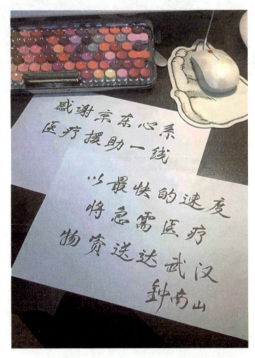

图3-17 钟南山院士写给京东的感谢信

提出"药材好，药才好"的理念，并在全国"三省六地"六种药材道地产区，组建了六大GAP（中药材生产质量管理规范）标准基地：山茱萸——河南西峡、茯苓——安徽岳西、地黄——河南温县、山药——河南武陟、牡丹皮——安徽铜陵、泽泻——四川彭山。仲景牌六味地黄丸是全国唯一一家六味药材全部来自GAP标准基地的产品，这也强有力地支撑了它独一无二的市场竞争力（见图3-18）。

图3-18　仲景六味地黄丸

2. 提品质。

品质是根源竞争力的直观体现。消费者对于美好生活的向往和品质提升需求不会改变，提品质是永恒的课题。提品质的实施路径和方式有很多种。

为了满足消费者对高品质的需求，海尔电器于2006年创立卡萨帝品牌，专注"高端艺术家电"。通过"极致艺术＋原创科技"，打造极致的产品品质。卡萨帝的法式对开门冰箱，开启了冰箱的全新品类，解决了容量大、空间小的痛点。卡萨帝洗衣机原创的分区洗技术，实现了"一机双筒"，既解决了分类洗涤、护理的需求，又节省了占用空间的问题。卡萨帝用高品质夯实了高端品牌的护城河，现已成长为海尔集团重要的高端增长曲线（见图3-19）。

图3-19　卡萨帝高端艺术家电

戴森是极致品质的典范。戴森吹风机以科技和工艺美学满足众多高端需求。戴森吸尘器不但吸力强劲，更是集除尘、除螨等多种功能于一体。戴森加湿器出雾非常细密，加湿于无形。戴森无叶风扇兼具冷风扇和取暖器功能，无论春夏秋冬，都能自如使用。

农夫山泉推出的东方树叶茶饮，起步就将品质做到了极致。"0糖、0卡、0脂、0香精、0防腐剂"，坚持5个"0"健康好品质。东方树叶采用自研无糖茶抗氧化技术，让产品不怕"曝光"，保持茶汤原有的色香味。2011—2020年，10年坚持，品质立基，修成正果，如今东方树叶已成为无糖茶饮头部品牌。

美国前国务卿基辛格有句名言："谁控制了粮食，谁就控制了整个人类。"再往下延伸，谁控制住了种子，谁就控制住了粮食。所以，孟山都等种业巨头实施"种子帝国"战略，垄断种业市场，获得了巨额利润。

新西兰奇异果并非产自新西兰本地，其品种源自中国，然而经过几十年如一日的优化改良，新西兰培育出了全球专利品种——阳光金果和红宝石果，推动其产品和产业从无到有、从有到优，从优到强。目前，新西兰佳沛奇异果销售市场遍及全球70多个国家和地区，约占全球奇异果市场总销量的33%，高居世界第一位。

3. 聚人才。

为什么刘邦能胜项羽？是刘邦的治人之胜，屈尊揽才，善于用人，聚集了一众贤能之才，如韩信、张良、萧何等。而项羽不懂知人善任，贤愚不分，最后导致众叛亲离。

乔布斯曾经"忽悠"时任百事可乐总裁的斯卡利：你是想卖一辈子糖水，还是跟我一起改变世界？这是典型的乔式发问，激发了斯卡利的兴趣，并毅然选择了苹果。

21世纪什么最宝贵？人才！这不仅是电影《天下无贼》里的著名桥段，更是任正非的人才观。

任正非说："华为有什么？一无所有！华为既没有背景，也没有资源，除了人的脑袋之外，一无所有。"

《华为基本法》第6条明确指出：一切工业产品都是人类智慧创造的。华为没有可以依存的自然资源，唯有在人的头脑中挖掘出大油田、大森林、大煤矿……

正是认识到人才的重要性，华为连续多年大规模招收西安电子科技大学、浙江大学、电子科技大学、北京邮电大学4所高校计算机专业的研究生，并于2019年启动"天才少年计划"。其中一位天才少年毕恺峰，加入华为3年随即解决了中期气象预报精度不足的世界级难题，其创作的华为盘古气象大模型进行气象预报的论文登上了世界顶尖科学杂志 *Nature*。

得人才者得天下。一家企业能否强大，关键在于其能否凝聚全球最顶尖的人才。正是华为对人力资本优先的无上推崇和绝对投入，造就了其增长的反周期特征，并能突破一系列"卡脖子"技术，实现绝处逢生、绝地反击。

刘炽平曾是麦肯锡高级顾问，后任职高盛操作腾讯上市项目，其才华被马化腾欣赏。后来，刘炽平放弃高薪，出任腾讯首席战略投资官。之后逐渐接替马化腾，全面负责公司的运营管理。没有刘炽平，可能就没有腾讯后来的辉煌。

马云凭借良好的口才，激情分享"让天下没有难做的生意"的崇高理想，让蔡崇信折服，毅然决然放下70万美元年薪，加入阿里巴巴，成为马云背后最重要的男人。马云曾说，这些年最感谢的人就是蔡崇信。如今，马云功退隐江湖，蔡崇信再披战袍。

当然，人才不是大企业的专利。中小企业更要重视人才，有了人才，才有可能做强做大。兰格格乳业作为中小型乳企，通过福来提出的"兰商共同体"，实现利益、情感、事业"三位一体"，引进了资本、咨询、技术、营销、渠道、电商等方面的精英人才，推动企业实现高质量发展，销售额7年增长10倍。

4. 建机制。

胖东来是河南省的区域性连锁超市，凭什么成为全国"顶流"，还受邀指导步步高、永辉等商超？

答案是机制。

胖东来通过机制搞利益分配。胖东来的员工待遇好、休假多、受尊重、有盼头，不仅是行业艳羡的标杆，更是胖东来的"秘密武器"之一。

机制就是生产力。建机制，是将机构连接成一个整体，保证需求与供给、竞争与合作、公平与效率、责任与动力等重大关系统筹。

稻盛和夫的阿米巴模式，通过量化分权，独立核算，实现全员参与经营。曾经濒临破产倒闭的日本航空公司，通过导入阿米巴模式，仅用几百天便成功起死回生，并且实现盈利。

海尔集团的人单合一模式，则是打破传统科层制，重构了企业、员工和用户三者之间的关系，去掉了1万多名中层管理者，变成一个创业平台，所有人都是创业小微。这是中国原创的管理思想，突破了泰勒的科学管理理论及KPI机制的局限性。

"火车跑得快，全靠车头带"已成为过去式，现在流行动车组。动车之所以提速快、跑得稳、时速高，关键是因为每节车厢都自带动力系统，节节助力，共同驱动，这是组织变革的大方向。现在，很多企业都希望构建敏捷的动车型组织机制。

任正非提倡让一线听得见炮火声的人呼唤炮火，让一线直接决策。华为铁三角的组织创新是典型代表。铁三角是由客户经理、解决方案专家、交付专家组成的工作组，三者目标一致、相互助力，以客户为中心，保障高效快捷地服务客户（见图3-20）。就像美军的特种部队，采取小团队闭环模式，在团队内部尽可能独立完成决策和运作。现在，华为又打造了15个军团，进一步提高了组织能力。

图3-20　华为铁三角组织模型

特区制是机制创新的重要形态。深圳经济特区、电视剧《亮剑》中的李云龙独立团，都是特定时期的特别发展机制。福来提出的"一把手工程+领导小组"，也是推进组织高效决策、快速落地而建立的特定机制。

初创期的项目尤其适合特区制。亚马逊当年的大爆品Kindle电子阅读器，就是其创始人杰夫·贝索斯亲自主导，带领5人的电子书特战团队，历时3年开发出来的。

同样，腾讯的"救命线"微信是由张小龙带领的腾讯广州研发中心（远离腾讯深圳总部），在特区机制下开发成功的。

中国黄金集团为开展零售业务，专门成立黄金珠宝公司，独立作战，承载了集团重构价值链、延伸产业链的重要使命。目前，已成为中国黄金投资与零售市场的主力军。

尤其是在"品、效、销"（品牌宣传、效果营销和销售转化）一体化的短视频时代，要做好抖音这样的超级流量池，**更有效的干法是单独成立一个事业部来对接巨量引擎，将"品、效、销"的预算资源整合起来，用一体化的组织应对生态化的媒体。**

机制的背后是文化。无论我们制定的战略多么有效，匹配的资源多么充足，如果没有文化作支撑，最终都很难持久。德鲁克曾说："**文化可以把战略当早餐一样吃掉。**"因此，战略落地需要一支有着共同文化的执行团队。

比如硅谷的不怕失败文化。硅谷是个特别包容失败的地方，马斯克曾说，既然选择了创新，就不能畏惧失败。允许失败、庆祝失败、接受失败，但不接受放弃。这也是为什么SpaceX每次发射火箭失败，马斯克都要庆祝一下，因为离成功更近了。

做企业总是要走过一段幽深而孤独的岁月，这是向内求的磨砺过程。不练好内功，抢到的地位也是过眼云烟。抢得一时，不能受益一世。企业只有练好内功，培育根源竞争力，才能名副其实，基业长青。

　　配称之道千万条，适合企业为最好。"上天入地"，选准关键资源，做好关键配称。只要把该做的事情做到极致，美好自然会呈现。

隆中对：一幅伟大的战略定向图

战略源于战争。千古名篇《隆中对》完美地体现了现代战略规划的核心逻辑，堪称伟大。下面，笔者为各位复盘一下1000多年前诸葛亮绘制的战略定向图。

知己知彼，方能百战不殆。诸葛亮首先对刘备集团进行了战略洞察。

先看行业："自董卓已来，豪杰并起，跨州连郡者不可胜数。"一句话，行业集中度很低，没有绝对意义上的老大。

再看竞争对手："今操已拥百万之众，挟天子而令诸侯，此诚不可与争锋。""孙权据有江东，国险而民附，贤能为之用，此可以为援而不可图。"通俗地理解，曹操是行业老大，拥有百万雄兵，实力强大，并且以央企自居，其他人暂时不能与之正面对抗。孙权是行业老二，在江东市场经营多年，市场地位稳固，客户满意度高，是战略合作伙伴的好选择。

然后看自身："将军既帝室之胄，信义著于四海。"虽然刘备目前实力很弱，但为人忠义，善于用人，还有皇室血统，可打出汉室宗亲的招牌，招揽天下英雄，组建团队。

经过深入分析，刘备集团事业根植于何处？"荆州北据汉、沔，利尽南海，东连吴会，西通巴、蜀"。荆州地理位置极佳，可占据有利之势，而且荆州的主人刘表势力弱，还是刘家人。益州险塞，沃野千里，天府之土，物产丰富，粮草充沛，益州的主人刘璋欠缺领导才能，当地人渴望明君。由此可见，荆益二州就是刘备集团安身立命的事业地盘。

战略如何规划？要明确目标——兴汉室，成霸业。短短6个字，有使命，有愿景。行动路线图是什么？围绕目标诸葛亮设计了"三步走"发展路径。第一步，先取荆州，再取益州，以荆州、益州作为战略根据地。第二步，刘备集团与曹操集团、孙权集团"三分天下"，形成鼎足之势。第三步，实现"兴汉室，成霸业"的最终目标。为了实现目标，诸葛亮建议刘备集团围绕四点做战略配称：西边和好西戎，南边抚慰百越，对外与孙权结盟，对内做好政务治理。

战略节奏和时机是什么？"天下有变，则命一上将将荆州之军以向宛、洛，将军身率益州之众出于秦川"，"诚如是，则霸业可成，汉室可兴矣"。也就是说，一旦竞争对手和竞争格局出现重大变化，就要兵分两路，拿下中原地区和西北地区，则江山可定。

诸葛亮为刘备集团量身设计的经营蓝图非常到位，这是一幅伟大的战略定向图。刘备集团在上半场照此严格执行，并建立起蜀国，与曹操集团、孙权集团形成三足鼎立的战略格局，跻身行业第一阵营，品牌美誉度一度遥遥领先。

但是，刘备集团在下半场执行上出现严重偏差，走了弯路。有**两大失误：一是意气用事，导致与孙权的结盟关系破裂；二是关羽大意失荆州，打乱了整体的战略部署和节奏。**

诸葛亮讲得很明白，要把握"天下有变"的战略契机。天下没变就提前被动总攻，被火烧连营，饮恨白帝城。功败垂成，千古一憾。

志有定向，就要心不妄动，知止而有得。"知所先后，则近道矣"，看来刘备终究还是没有入道啊。

第四章

品牌定形：
创建独一无二的
品牌资产

言之有物，示之有形。品牌定形是以根与魂为核心，进行品牌话语体系、品牌图腾体系的设计，从而确定可言说、可识别、可感知的品牌之形，形成"入眼入心"的品牌偏好，创建独一无二的品牌资产，坚持不动摇。

抢占心智公共资产，让创意胜在心智

● 一个广告界最值钱的"搬运工"

农夫山泉"我们不生产水，我们只是大自然的搬运工"（见图4-1）这句品牌口令，借用搬运工这个大家都熟悉的职业，以及大家心智中都有的公共认知和公共资产，把农夫山泉"天然水"的品牌灵魂，恰如其分地表达了出来。品牌在大自然面前甘愿做一名

图4-1　农夫山泉品牌广告

搬运工，则体现出了农夫山泉尊崇和敬畏大自然的品牌个性与价值主张。农夫山泉所做的比喻，让品牌口令一句入心，与消费者快速产生共鸣，达成共识。这是21世纪广告界最值钱的"搬运工"，搬出了钟睒睒这位中国首富。

创意不是奇思异想，也不是一门心思去追新逐异，**帮助一个品牌、一款产品与消费者达成价值上的共识、精神上的共鸣，这才是创意的根本目的**。

所以，当我们为品牌做创意时，如果心里只想着标新立异，而不去思考怎样与消费者达成共识，那做的很可能是一个没有认同度和销售力的创意。这是为什么呢？因为消费者的心智是存在信息排异的，这种信息排异表现为消费者行为学为我们揭示的三个真相。

● 三个不容忽视的消费行为真相

记忆真相：与消费者原有记忆不相关的新广告信息，很难被其记住。

人的记忆分为行为记忆和概念记忆等。行为记忆是指对某一行为、动作、技能等的回忆。就像一旦我们学会了游泳，学会了骑自行车，就会对游泳和骑自行车这两种行为产生记忆，即便我们很长时间没有游泳和骑自行车，也许会有些许生疏，但绝对不会忘记，只需稍加熟悉，就能驾轻就熟。

概念记忆就是我们的大脑会将接触到的相关事物存储打包，形成一个概念网络。比如，当我们想起大象，会想到曹冲称象、瞎子摸象，会想到它爱吃的食物——香蕉；提起美国，我们会想到流行音乐、金融霸权、可口可乐、西部牛仔等。

所以，一个新的广告创意如果可以与消费者特别熟悉的事物有紧密的联系，它就更容易被记住。比如，兰蔻"小黑瓶"一反高端化妆品辞藻堆砌的创意积习，用更为平实可亲的"小黑瓶"作为产品名称。"小黑瓶"这个名称，小学生看了都能过目不忘，有着极低的消费解读成本（见图4-2）。

图 4-2　兰蔻小黑瓶

回忆真相：消费者熟悉度低的广告信息，很难被其回忆起来。

"熟悉的才安全"，这是人的本能。试想你是远古人类部落里的一员，当你离开了熟悉的地盘，只身来到陌生的丛林中，该是何等恐惧，多么没有安全感。你会遇到什么呢？也许是敌对的部落，也许是狂暴的猛兽，也许是有来无回的迷途……所以，远古人类不远离群落，这是关乎其生存的重大命题。对熟悉感的依赖，是融入人的骨子里的。

因此，我们总是更容易回忆起熟悉的人与事，因为他们是安全的心智标签，是我们情感的归宿。为什么加多宝与广药集团在争夺加多宝商标后，又去争夺"红罐"？这是因为红罐是正宗凉茶的"身份证"，是凉茶品类最有熟悉度的视觉元素。红罐为消费者提供了购买的安全感——买红罐的凉茶，味道才纯正，才更靠谱。

认同真相：与消费者态度不一致的广告信息，不会被其认同。

广告创意不能与消费者固有的态度、常识相左。哪怕消费者的这种态度不科学，离真相甚远。对于消费者的固有消费态度，我们应该因势利导，不能逆水行舟。

2020年，饿了么准备发布App新功能，在付款时增加一个"我愿意多等5分钟或10分钟"的小按钮。没想到，这一举措受到了消费者普遍的质疑和抵触，"我为什么要多等5分钟？"饿了么把"菜品迟到"当作皮球踢给消费者，但消费者怎么可能接招？

因此，做创意只有"善与人同"，遵循消费者行为学告诉我们的记忆、回忆、认同的心理特性，才会被消费者记忆、回忆和认同，才能避免消费者心智对广告创意的信息排异。创意的本质不是追新逐异，而是与消费者达成共识。

创意如何才能帮助品牌与消费者达成共识？

● 心智公共资产：品牌创意的最大原力

福来认为，用品牌灵魂嫁接心智公共资产是诞生伟大创意的最佳路径！

品牌通过对心智公共资产的嫁接与抢占，能够最大限度地让品牌与消费者达成共识。**因为心智公共资产是能够为品牌和传播赋能的集体本能、常识、价值观和记忆。**

中国作为全世界唯一一个文化没有断代的文明古国，是全世界最大的心智公共资产库，汉字、成语、歇后语、谜语、名言警句、诗词歌赋、名著、文物藏品等，不胜枚举，生生不息。

面对中华文化的汪洋大海，只要有一颗善于发现心智公共资产的心，拾取沧海一粟，就有让品牌和创意熠熠生辉的千年力道。

● 心智公共资产让创意快速提升品牌无形资产

从2019年开始，华为就曾大规模注册商标，所取名字大多来自传统文化经典，如操作系统鸿蒙源于《庄子》，AI大模型盘古源于中国的创世神，而麒麟、鲲鹏、朱雀、饕餮、大禹、仓颉等都源于《山海经》（见图4-3），可以说华为在用《山海经》打造自身的品牌"兵器谱"。

图4-3 《山海经》

阿里巴巴注册了菜鸟裹裹、天猫、飞猪、蚂蚁、虾米、神马、闲鱼等商标，用商标构建"动物世界"。

比亚迪先注册了夏、商、周、唐、元、明、清等商标，用商标打造中国的"时间简史"，进而又注册了"巡洋舰""护卫舰""驱逐舰"等军舰系列商标，打造商标里的"特混舰队"。

这些巨头都在干什么？在抢占心智公共资产！所以，抢占心智公共资产就是"抢钱"，用心智公共资产让自己的品牌和创意一上来就身价倍增。

用发掘、抢占心智公共资产的方法作创意，可以让品牌宣传一触入心，感同身受，借用原力，高度共鸣。按孔子的教诲，勇于放下自己标新立异的胜心，而敢于用品牌去嫁接、传承心智公共资产的品牌创意，就是创意上的"述而不作""从善如流"。

阿里巴巴的品牌名称源于《一千零一夜》中的故事《阿里巴巴和四十大盗》。这是一则在全球流传很广的故事。所以，阿里巴巴一开始就抢占了一个全球性的公共资产，而且，阿里巴巴在世界主要语种里的发音相似，这是一个很大的优势，品牌名称已经全球化。

又如，福来为荔浦砂糖桔创作品牌口令"荔浦砂糖桔，过年甜蜜蜜"，一句话抢占两大心智公共资产：其一，抢占"过年"这一节日大IP和消费大场景；其二，抢占歌曲《甜蜜蜜》的名字，并以这首歌为原型，重新编曲，重新填词，为荔浦砂糖桔创作了专属的品牌歌曲。

福来"三十六计"：品牌如何高效嫁接心智公共资产

心智公共资产有上下五千年的历史积淀，它林林总总，包罗万象，浩如烟海；它取之不尽，用之不竭。我们怎么用品牌嫁接心智公共资产呢? **福来"六角星"创意模型将嫁接心智公共资产分为六个出发点和六个嫁接维度，六六三十六，成为福来创意的三十六计**（见图4-4）。为了便于理解，下面只讲蕴含心智公共资产的六大维度。

图4-4 福来"六角星"创意模型

1. 诗词歌赋： 大众熟悉的词语、短句、诗词、歌曲等。

"天苍苍，野茫茫，兴安盟牛肉格外香！"这是福来为兴安盟牛肉区域公用品牌创作的品牌口令。当我们把"天苍苍，野茫茫，风吹草低见牛羊"这句人们耳熟能详的草原诗句与兴安盟牛肉"嫁接"，一开始就让兴安盟牛肉站在了"巨人"的肩上，为兴安盟牛肉赋予了强大的文化原力，在品牌创建之初，其品牌资产就获得了飞跃式的提升（见图4-5）。

中国牛肉看内蒙古·内蒙古牛肉看兴安盟

天苍苍，野茫茫
兴安盟牛肉®格外香

世界农林牧共生优势区   四大生态草原中心

图4-5 兴安盟牛肉区域公用品牌口令

饿了么的品牌名称源于我们日常一句关心的话"你饿了吗"，这是对大家日常熟悉的口头禅的利用。而且，饿了么这个名称还是在向消费者做"饿"的心理暗示，自带感召力。

2. 熟人熟物：被大众熟悉的人物、动植物、物品等。

全球电商平台亚马逊就是对地名亚马逊的抢占。

红牛饮料就是抢占红牛这一动物名，并且"红"有激情、活力的含义，符合红牛作为功能饮料的品类属性。

特斯拉是对伟大的科学家和发明家、电气工程领域的先驱尼古拉·特斯拉（Nikola Tesla）的致敬和抢占。

福来策划的生鲜食材品牌"熊材"，是对"熊"这一被大众熟知的动物名的抢占，并且还抢占了成语"雄才大略"。

3. 经验常识：大众共有的经验和思想观念。

仲景牌六味地黄丸"药材好，药才好"的品牌口令，嫁接了大众对中药"七分原料，三分炮制"的经验常识，一句口令让消费者心悦诚服。

美国新奇士阳光橙加入了"阳光"二字，顺应了"阳光充沛，果才甜"的经验常识。

4. 竞争对标：占领和借助消费品类中的"老大"，实现竞争对标。

美国安飞士汽车租赁的经典品牌口令为"我们排第二，为什么你们还选我？因为我们更努力"，就是从竞争的角度切入，向消费者传达了"虽排第二，绝对努力"的品牌主张。

青花郎巧借酱香品类"老大"茅台，争做品类老二，进入品类第一阵营，品牌口令为"青花郎，中国两大酱香白酒之一"。

5. 功能隐忧：人所共有的物质需求与问题。

福来为心连心聚能网复合肥，打造"能量聚到根，吸收更充分"的超级信任状，解决农户对化肥养分流失的消费隐忧，一句话让隐忧迎刃而解。

福来为神丹食品策划的神丹保洁蛋，就是源于消费者觉得鸡蛋皮很脏，多数人吃鸡蛋之前要洗一洗这一隐忧的洞察。

护肤品牌FANCL的中文品牌名——"无添加"，是对其天然品质的绝对表达，并触动了消费者对化学添加物伤害皮肤的隐忧。

6. 情感寄托：人所共有的情感关系和归属。

"洋河蓝色经典——男人的情怀"是对男人精神上向往博大的胸怀这个公共资产的抢占。

福来的作品"西峡猕猴桃——中国人的阳光金果"这一品牌口令，站在佳沛阳光金果这一大品类的肩上，突出中国人自己的阳光金果的自豪感。

让品牌与心智公共资产融为一体的五种方法

上面我们讲了蕴藏心智公共资产的六大维度，那么这六大维度中的心智公共资产如何为品牌所用呢？这就需要懂得用品牌嫁接这些公共资产的法门，福来将这一方法称为"嫁接五法"（见图4-6）。

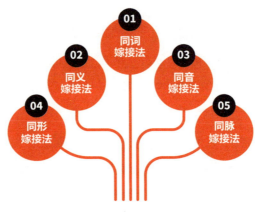

图4-6　福来"嫁接五法"

1. 同词嫁接法：用品牌和产品的核心词语，嫁接六大维度中有相同词语的心智公共资产。

福来为仲景香菇酱策划的《采蘑菇的小姑娘》影视广告，一直被津津乐道，它的创意灵感就源于香菇这个小蘑菇头，通过同词嫁接的方法，使人想起几代人熟知和喜爱的儿童歌曲——《采蘑菇的小姑娘》（见图4-7）。

这是无比宝贵的超级心智公共资产，对品牌传播、促进消费者对新产品的快速认知能量巨大，通过创意性改编，快速将之"据为己有"。

采蘑菇的小姑娘，就采仲景香菇酱！300粒香菇一瓶酱，21种好营养！仲景香菇酱真香，大家一起来分享！哇塞，仲景香菇酱，真香真营养！

图4-7 《采蘑菇的小姑娘》影视分镜

2. 同义嫁接法：用品牌及产品的主要价值和意义，嫁接六大维度中有相同意义的心智公共资产。

例如，史丹利集团出品的经济作物硫基肥，有着速效强劲的使用效果，因此我们为这一系列产品命名为"劲素"，"劲"代表强劲有力，"素"与"速"同音，暗示着产品速效的特性，这一产品品牌命名，就是将产品的特定属性与有着相同或相近含义的词语进行嫁接得来的。

又如，元气森林的"满分"气泡水果汁，将更完美的果汁气泡水的产品价值与其"满分"的产品品牌名称，进行了同义嫁接。一款更完美的果汁气泡水，当然需要打满分。

3. 同音嫁接法：用品牌和产品的关键字，嫁接六大维度中同音的心智公共资产。

苹果的品牌口令"Think Different"，中文翻译为"非同凡想"，既嫁接了"非同凡响"的成语，又把苹果不甘平庸、特立独行、勇于创新的品牌个性表现得淋漓尽致。

天猫商城的品牌口令"上天猫，就购了"，就是将购物的"购"与日常口语足够的"够"进行同音嫁接，"就购了"既是上天猫购物的行为指令，又是使消费者不用去其他平台购物的心智竞争壁垒。

福来服务的新疆于田玫瑰花项目，品牌命名"瑰觅"，就是通过"瑰觅"与"闺密"的同音嫁接得来的，让瑰觅玫瑰花成为每位女性的"闺密"。

4. 同形嫁接法：这一方法主要用于品牌的视觉创意，用品牌和产品的外形特点与六大维度中有同样形状的心智公共资产嫁接。

中国银行的标识，就是用"中"字的"口"字部分，与古代铜钱上的"口"字形钱眼同形嫁接而来。心智公共资产跟随中国银行走遍全球各地，这才是中国品牌向世界吹起的"金融风暴"。

"中国砂糖桔看荔浦"，桂林荔浦是中国砂糖桔产量最大的区域，福来为荔浦砂糖桔创作的品牌吉祥物就是砂糖桔与舞狮（当地一大民俗文化）视觉元素的同构，让这个每年只在春节期间上市的砂糖桔"年"味十足（见图4-8）。

5. 同脉嫁接法：在品牌和产品中寻找共同产地与共同文化脉络的心智公共资产。

仲景宛西制药的仲景品牌是同脉嫁接的应用典范。张仲景是名垂青史的"医圣"，同时张仲景是南阳人，仲景宛西制药也是南

图4-8　荔浦砂糖桔

阳的企业，所以，这家中成药企业与张仲景在中医药发展史上属于同脉，在地域上属于同乡，仲景品牌才是品牌与企业双脉相连的好名字。

赤水河酱酒的品牌名称，源于对赤水河这条中国酱酒的发源之河和文化之河的传承与抢占。

品牌命名：先有名至实归，后有实至名归

● 品牌：名在，市场就在，发展才在

你喝过"蝌蚪啃蜡"吗？

1927年，当"Coca-Cola"刚刚进入中国时，它的中文译名是"蝌蚪啃蜡"，国人读起来非常拗口，名字的含义也让人一头雾水，导致产品销量持续低迷。

直到20世纪30年代，负责拓展全球业务的可口可乐出口公司在英国登报，以350英镑的奖金征集中文译名。旅英学者蒋彝从《泰晤士报》得知消息，以译名"可口可乐"应征，被评委一眼选中。

可口可乐是品牌界公认最好的中文译名——它不仅与英文的音节一致，体现出美味与快乐的寓意，更重要的是，它简单明了，朗朗上口，易于传播（见图4-9）。

图4-9　可口可乐品牌标识

德国哲学家海德格尔在《在通向语言的途中》中说："唯有词语才让一切物，作为它所是的物显现出来，并因此让它在场。"这句话的意思是"词语在，你周围的事物才在"，假如"兔子"这个词语在地球上消失了，那我们拿什么向别人描述兔子这种动物呢？所以，当"兔子"这个词语消失后，兔子这个动物也就在人类的思想意识中消失了。同样，**当一个品牌名称在消费者心智中消失了，该企业也就在人类的精神世界中消失了，这就是"词语在，你周围的事物才在"的道理。**

品牌名称作为品牌创造的专属词语，其优劣直接关系到企业的发展。

● 品牌命名，不仅是品牌的叫法，更是品牌的活法

从以上可口可乐的案例中，我们可以看出，为品牌创意名称，可不是写几个字、起个名字这么简单。福来把为品牌创意名称这件事称为"品牌命名"。

福来认为，品牌命名不仅赋予品牌的叫法，更是品牌的活法。为品牌命名就是借助心智公共资产，让品牌一开始就能被叫得响、记得清；同时，**命名也是第一次用品牌灵魂为品牌赋予意义，是品牌对受众的第一次心灵感召和价值呼唤。**

所以，一个差的品牌名称未必会导致企业的失败，但一定会影响企业成就伟大。因为无论是为品牌命名，还是给人起名字，这个名字就是为品牌和人注入意义。所以，我们经常会说"名正言顺"和"师出无名"两个成语。可见名不对，无论说话还是做事都不会顺利，这就是名字的威力。当我们为一个品牌命名，就是赋予这个品牌做事的名义，它会一直陪伴企业成长。

所以，品牌名称绝不仅是一个品牌的叫法，而是一个品牌的活

法，这就是我们说的品牌要先"名至实归"的道理。好名称，让一个品牌"活"得更精彩。

"中国红枣第一股"好想你，就是从河南新郑奥星实业升级而来，通过品牌命名为自己的品牌专有词语进行战略升级。"好想你"类似著名相声演员冯巩在央视春晚的标志性开场白"想死你们了"，是一句大家津津乐道的问候语，是地道的心智公共资产。同时，"好想你"表达了一个品牌以客户和消费者为最终目的的价值观念和社会意义。所以，"好想你"的董事长石聚彬先生的口头禅就是"好想你啊"，一句"好想你"，真是"关系""业绩"都给你！

● 用品牌抢占品类，用品类强大品牌

品牌的终极目标是抢占品类，让品牌成为这个品类的首选，比如，王老吉抢占了凉茶品类；元气森林成为气泡水品类的首选；南孚成为电池品类的首选。对消费心智而言，获得心智优势的根本就是品牌对品类名称的抢占。

反过来，对品类名称的精细谋划，也会为品牌区隔对手，获得品类竞争优势。超能开创天然皂粉品类，借助肥皂这一消费认知习惯，与洗衣粉形成了鲜明的区隔，成为皂粉品牌老大。

由此可见，我们既可以通过品牌命名在一个品类建立无可撼动的统治力，又可以通过品类的创新形成无可撼动的统治力。构建品牌与品类的关系有以下三种路径。

第一路径：**品牌品类化**。即让品牌成为品类的代名词，就像酱酒品类中的茅台，碳酸汽水品类的可口可乐，天然饮用水品类的农夫山泉。成为品类代名词，需要品牌在这个共有品类中扛得住别人的跟风模仿，拿得下产业的核心资源，真正成为消费者心智中的老大。

第二路径：**品类品牌化**。即用品类名称为品牌命名，实现品类

的私有化。当品类的共有词语变成了品牌独有的注册商标，在知识产权上，品牌就独占这个品类概念，并将成为这一品类的最大受益者，实现"我的品类，我做主！"

就像云南白药、东阿阿胶、沈阳红药等，品牌品类一体化，常年传播，将品类变成了自己的私有领域。今麦郎凉白开，通过把握国人讲究"喝开水"的消费习惯，在看似严丝合缝的饮用水市场，见缝插针，脱颖而出，细分出凉白开这一品类，建立自己的私域品类。竹叶青则通过对产于峨眉山高山绿茶的品类私有化，从而构建起竹叶青的品类王国。

第三路径：开创新品类。即把品牌灵魂确立的关键词（价值）放到品类名称中去，开创全新的品类。例如，福来将兰格格低温酸奶重新命名为兰格格草原酸奶，让兰格格承接草原畜牧与饮食文化的原力，将酸奶品类分割为普通酸奶和草原酸奶，构建"内蒙第三·中国第一"的全新事业格局。柳州三江县是全国上市最早的春茶产区，所以，我们将三江春茶升级为三江早春茶，将上市早的价值植入品类，开创春茶新品类。

其他如公牛安全插座、必胜客欢乐餐厅、沙坡头旱苹果、宁安天然营养米等，都是把品牌灵魂放到品类名称当中（见图4-10）。这样能够在消费的决策过程中，进行源头心智拦截，最大限度地帮助品牌，树立差异性和天然权威性，分流、转化消费者，建立品类统治力和品牌价值壁垒。

图4-10　公牛安全插座、必胜客欢乐餐厅、沙坡头旱苹果品牌标识

● 用心智公共资产为品牌命名

怎样为品牌命名呢？这就需要嫁接心智公共资产，从创意三十六计中的六个维度来思考。

华为表示中华有为，这是对爱国情感的最大化嫁接。

搜索引擎百度，源于辛弃疾的词《青玉案·元夕》中的名句"众里寻他千百度"。

金霸王电池的品牌命名，直接抢占了品类竞争中的霸主地位。

"果之初"是福来为新疆新业集团旗下的核桃产业制定的品牌名称，它嫁接的是《三字经》中的"人之初"以及大众认为原初的味道更好的经验常识，同时显示了新疆是中国核桃主要发源地的产业地位（见图4-11）。

图4-11　华为、百度、金霸王、果之初品牌标识

老板大吸力油烟机，"大吸力"就是"排烟大吸力，油烟不找你"的功能化表达，既解决了消费者的隐忧，又开创了新品类。

福来为宁夏枸杞产业的领先品牌百瑞源策划了锁鲜枸杞，这一产品品牌的命名，将"锁鲜"这一核心技术商标化、品牌化。"锁鲜"就是对枸杞更鲜、更有活性的功能传达与抢占。

美国彩妆品牌Revlon于1996年进入中国市场时，香港才子黄霑将其中文译名定为露华浓。其原型来自李白的诗句"云想衣裳花想容，春风拂槛露华浓"。

全球食品巨头雀巢的品牌命名，就是对"雀巢"这一自然熟物的嫁接。

生鲜电商本来生活的品牌命名，嫁接了"事物本来的味道和品质是最好的"这一大众心智中的经验常识。

"521"是"我爱你"的数字化表达，福来以此将信阳毛尖浉河高端茶区重新命名为"信阳毛尖521"，一个名字三层含义：其一，表达茶友对信阳毛尖的爱，以及送信阳毛尖表达自己对他人的爱；其二，每年的5月21日是联合国"国际茶日"，抢占全行业最重要的节日；其三，信阳毛尖的主产区为"五云两潭一寨"，表达此茶源于核心产区。一语三关，天赐好名。

品牌口令：一句话"令"你心动和行动

　　有了品牌灵魂和品牌名称，如何与消费者高效沟通与互动？如何用一句话令消费者心动和行动？这就是品牌口令要完成的使命。

　　福来认为，品牌口令是以品牌灵魂为纲，基于条件反射原理向受众发出的消费行动指令或价值观念指令，并以心智公共资产为最佳载体的品牌核心话语。通俗地讲，就是一句话要能够让人心动和行动。

● 把《茉莉花》"据为己有"，值多少钱

　　《茉莉花》是一首源于江苏的经典民歌。1793年，一位叫约翰·巴罗的英国学者用五线谱记录《茉莉花》，并将歌词收入《中国游记》一书中，在西方开始传唱。1924年，意大利作曲家普契尼将《茉莉花》的旋律用于歌剧《图兰朵》（见图4-12）中，《茉莉花》的美妙旋律不胫而走，火遍全球。

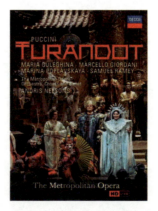

图4-12　歌剧《图兰朵》

《茉莉花》由于极高的国际化程度和东方文化的典型代表性，成为国家在重大外交场合的献礼歌，曾出现在我国香港回归交接仪式、2008年北京奥运会开幕式等重大场合，被誉为中国"第二国歌"，成为中国的世界性超级公共资产。

福来为横州茉莉花区域公用品牌创作的品牌口令，就嫁接抢占了《茉莉花》这首歌曲中最有传唱度的一句"好一朵美丽的茉莉花"，将这句大家熟悉的歌词，变成横州茉莉花的私有品牌资产和超级品牌口令：好一朵横州茉莉花！这是一句无法被遗忘，只会被传唱的品牌口令。福来还为横州茉莉花创作了品牌歌曲：

好一朵横州茉莉花，好一朵横州茉莉花，全球10朵茉莉花，6朵来自横县呀，用好花来窨好茶，横州茉莉花，茉莉花呀，茉莉花。

借助《茉莉花》这一世界级的心智公共资产，横州茉莉花成为产业品牌、农文旅品牌、乡村振兴品牌、城市品牌四位一体打造的经典。

● 品牌口令就是对消费者"说梅止渴"

相信大家都很熟悉曹操"望梅止渴"的典故。曹操通过让将士们望梅，实现了让大家止渴的目的。将士们并没有吃到梅子，为什么就满口生津、止渴了呢？这就是心理学家巴普洛夫为我们揭示的条件反射原理，吃过梅子的人，体验过梅子的酸爽，对梅子的味道和酸爽口味形成了记忆。这之后，再遇到梅子，哪怕看到的只是一张图片，也会对梅子的刺激做出反应，分泌唾液。同时，**巴普洛夫还指出，人作为高级动物，话语也会使人产生条件反射**，在口渴的时候用语言描述梅子，一样也会有分泌唾液的条件反射出现。

基于条件反射原理，品牌口令就是通过话语让消费者产生条件反射，"说梅止渴"中的"说梅"就是品牌名称，"止渴"就是品牌给予消费者的好处。举个例子，"好空调，格力造"这个品牌口令在经过长期的广告传播后，受众会对格力形成"好空调"的条件反射，这就会使消费者对格力产生认同和消费冲动。

所以，**品牌口令不是让消费者听品牌的命令，而是让消费者听到品牌口令，产生话语上的条件反射，这个条件反射会对消费者发出"命令"，刺激消费行为的产生**。就像我说"好好学习"，你大概率会说出"天天向上"的条件反射一样。

● 用心智公共资产创作出价值连城的品牌口令

下面我们通过"六角星"创意模型，看看那些经典的品牌口令是怎么诞生的。

1. 诗词歌赋。

丰田汽车的品牌口令"车到山前必有路，有路必有丰田车"，就是对"车到山前必有路"这句民间谚语的抢占，天生就有记忆度。

福来为老村长酒创作的品牌口令"老村长酒——好好生活，天天向上"，就是对毛主席"好好学习，天天向上"这句话的嫁接。

百色的西林沙糖桔，有上市早、甜度高的特点，还是乡亲们的致富果，所以在品牌口令的创意上，福来为西林沙糖桔抢占了范仲淹《岳阳楼记》"先天下之忧而忧"的名句，以此创作品牌口令"西林沙糖桔，先天下之甜而甜"，用千古名句，把西林沙糖桔的特性生动地表达出来。

"玉树牦牛肉——吃出洪荒之力"就是对"洪荒之力"这一网络流行语的抢占，通过这一热词，表达出了玉树牦牛的野性以及牦牛肉的高蛋白能量，传达世界屋脊的天籁之境、原生之美（见图4-13）。

图4-13　玉树牦牛品牌口令

　　福来为西峡创作的城市品牌口令"老家河南，养在西峡"，就是对"文化中原，老家河南"河南省域品牌口令的借势与抢占，借助"老家河南"让大众知道西峡在哪里，让西峡也有家的味道。

　　2. 熟人熟物。

　　"美团——美好生活小帮手"，把"美好生活"和"小帮手"两个熟词整合，又有"美"字当头，很亲切。

　　BOSS直聘从品牌名称到品牌口令——"找工作跟老板谈"，都是对"老板"这一大众熟悉的社会角色的抢占。

　　福来创作的"大同黄花——为健康中国加道菜"就是对"健康中国"这一国策和热点的抢占，突出黄花菜的健康属性，日常口语"加道菜"，发出消费指令，提示常吃常买。

　　福来为中卫硒砂瓜创作的品牌口令"中卫硒砂瓜，瓜中至尊宝"，嫁接了周星驰经典电影《大话西游》中的"至尊宝"人物名称。

　　3. 经验常识。

　　"仲景牌六味地黄丸，药材好，药才好"，这句品牌口令不仅放大了仲景宛西制药对药材品质的一贯坚持，更顺应了"药材好是制好药的首要前提"这一普世认知，成为行业传颂经典。

　　"仲景养生——医圣仲景，更懂国人养生！"福来最新创作的这一品牌口令，是基于国人对"医圣当然更懂养生"这一历史经验

143

的传承和认同，借助医圣张仲景这一文化大IP，让仲景宛西出品的养生产品顺理成章，使人心悦诚服（见图4-14）。

图4-14　仲景养生品牌口令

又如，福来为沁州黄小米集团创作品牌口令"两年只种一季粮，难得吃口沁州黄"。"两年只种一季粮"是用消费者都有的经验常识，对沁州黄小米高品质和高价格的直接回应，一下解决了"为什么好"和"为什么贵"两大核心问题。

4. 品类竞争。

宁德时代的品牌口令"选电车，认准宁德时代电池"，看似平淡，却是品类竞争的大占位，占位整个电池行业，让消费者不假思索对号入座。更重要的是，这句品牌口令切入"客户的客户"，对消费者直接喊话，打造"要素品牌"，相当于芯片行业的"英特尔"。

奔驰全新S级轿车上市时的品牌口令"汽车发明者再一次发明汽车"，用奔驰品牌在汽车产业独特的历史地位和史实，来塑造竞争壁垒，遏制竞争对手。

"河南酸辣粉，一桶中国味"，这是福来为河南酸辣粉产业品牌创作的品牌口令，既是对"10桶酸辣粉，8桶河南造"这一产业地位的精准诠释，又突出了河南酸辣粉舍我其谁的竞争态度。

福来为盱眙龙虾区域公用品牌创作品牌口令"小龙虾里的白富美"，直击市场上不干净、低质低价的品类现状（见图4-15）。

图 4-15　盱眙龙虾品牌主视觉

5. 功能隐忧。

"高德地图，哪儿都熟"，这句品牌口令简单直接，一语中的。

"怕上火，喝王老吉"准确把握了消费者心中"怕上火"的隐忧，并对这一隐忧进行了充分抢占。

"用真艾，选仲景"是福来为仲景艾草产品家族创作的口令，"用真艾"针对艾草市场产品的良莠不齐，放大仲景"药材好，药才好"的品牌价值。

福来为贵州神奇制药创作的品牌口令"神奇国药，贵在疗效"，解除了消费者在购买药品时对药品疗效的隐忧。

6. 情感寄托。

"万事达卡——万事皆可达，唯有情无价"的品牌口令，一方面，传达出了"万事顺意"的吉祥寓意，也呈现出万事达卡这款金融产品"通行全球，值得托付"的意义；另一方面，表现出万事达对消费者的真情服务，以及一张信用卡承载的人与人的感情。

福来为西安爱菊粮油集团创作的品牌口令"爱菊，让爱安心"，基于"安心"的品牌灵魂，传达对客户、对家庭的关爱之情。

2021年东京奥运会期间，安踏打出了"爱运动，中国有安踏"的品牌口令，一句话说出了国人对运动的爱，对祖国的爱（见图4-16）。

图4-16　安踏广告

1977年，美国纽约州推出了"I LOVE NY"（我爱纽约）的旅游广告词和标志，后来该品牌口令和标志又被定为纽约市的城市品牌口令及城市标志。作为全球知名的超级都市，该品牌口令不仅道出了市民的自豪感，也道出了大众对纽约的向往。如今，"I LOVE NY"已成为全球城市品牌营销的经典（见图4-17）。

图4-17　I LOVE NY 地标

成都的城市品牌口令"成都，一个来了就不想离开的城市"，一句话把一座国人公认的休闲之都，化作每个人的碎碎念。

有意思的是，很多高科技企业直接把企业使命和价值观作为品牌口令运用。

OpenAI（ChatGPT母公司）：创建造福全人类的安全通用人工智能。

阿里巴巴：让天下没有难做的生意。

腾讯：连接一切的可能。

英伟达：信仰驱动未来。

特斯拉：加速世界向可持续能源的转变。

● 品牌口令必须注意的"三化"

1. 品名一体化。

力争把品牌名称放到品牌口令里去。

"人头马一开，好事自然来"让品牌主语"人头马"与广告语浑然一体，成为品牌名与价值记忆一语入心的"整体解决方案"。

"桂林山水甲天下""好一朵横州茉莉花"都是品名一体化的典范，让消费者同时记住品牌名称和品牌价值，传播效率更高。

来看一个反面案例，"钻石恒久远，一颗永流传"是一个大众耳熟能详的品牌口令，但由于品牌名称的缺失，导致很多人问：这是谁的广告来着？

2. 口令口语化。

品牌口令力争口语化，因为口语最符合大众的听、说习惯。

书面文字的诞生只有3000多年，而人类用语言沟通的历史已有数万年。所以，口语化的品牌口令更符合人的沟通习惯和记忆习惯，就像土地革命战争时期的口号"打土豪，分田地"，改革名句

"不管白猫、黑猫，抓住老鼠就是好猫"。

"日丰管，管用50年"的品牌口令就是口语化的典范。"管用"把产品的品类属性和经久耐用都呈现了出来。

同样，福来为月月舒痛经宝颗粒创作的品牌口令"那个不痛，月月轻松"，就是运用女性对经期含蓄的口语代称"那个来了"，与目标消费者拉近距离、谋共鸣，不仅巧妙且准确地传达了产品的功效，还提供了情感关怀和情绪价值。

3. 口令简明化。

品牌口令力争直截了当，简洁明了。

"孩子都是自己的好"，在创作品牌口令时，创作者很容易陷入用创作者的自我感觉代替消费者思考的误区。"看，我这个广告语多有内涵，多么意味深长"，但消费者只是广告前的过客，通常他们只有几秒钟的时间来关注一句广告语，不会去"寻味"那些意味深长。

所以，我们要站在消费者的角度来创作品牌口令，让消费者"零"解读，力求品牌口令直截了当，一语中的。正如李白所言："明月直入，无心可猜。"

例如，三棵树涂料的品牌口令为"三棵树，马上住"，"马上住"3个字直截了当，道破了买新房装修，想要迫不及待住进去的普遍心声，传达出"三棵树"对健康品质的自信。

又如，福来为宁夏枸杞创作品牌口令"宁夏枸杞，贵在道地"。"贵在道地"这简短有力的4个字，体现了道地宁夏枸杞的"三个贵"：其一，宁夏枸杞的道地品质是可贵的；其二，宁夏枸杞的产业地位是尊贵的；其三，道地宁夏枸杞的价格是更贵的。一句品牌口令，让宁夏枸杞"三贵"加身，是宁夏枸杞产业践行"优质优价"发展战略的"发令枪"与"承诺书"。

● 给品牌口令一个可相信的理由

品牌口令既是对消费者发出的指令，也是做出的承诺，消费者为什么要相信这个承诺呢？这就需要我们为消费者提供可相信的理由，也叫价值支撑。可相信理由的创作有以下4种方式。

1. 顺应常识。

品牌常识指消费者本来就懂的理，一听就认的话。

比如，心连心聚能网化肥的品牌口令是"聚能网，巨能长"，为什么"聚能网，巨能长"呢？因为，"聚能网，能量聚到根，吸收更充分"这就是可相信的理由。

西域果园的品牌口令是"西域果园，中国人的果园"，为什么呢？因为"这里是阳光最充足的地方，这里有中国人不曾割舍的瓜果飘香"。

2. 摆明数据。

用数据让价值心中有数。

波司登羽绒服的品牌口令是"为了寒风中的你，波司登努力43年"，让消费者可相信的理由是"波司登羽绒服畅销全球72国，赢得超2亿人次选择"。

横州茉莉花的品牌口令"好一朵横州茉莉花"，为什么如此自信？因为"全球10朵茉莉花，6朵来自广西横州"。

兰格格的品牌口令"草原酸奶世家"，凭什么？因为"始于1886，四代人做草原酸奶"。

"除草长久，饿死牛"，这是福来为德国拜耳保试达除草剂创作的品牌口令，消费者凭啥相信"除草长久"？因为这是"85国农场主的安心之选"。用化工巨头的全球实践，影响中国农药市场的选择。

3. 权威证言。

引用第三方认证、荣誉、背书，一句顶自夸一百句。

雨虹防水的品牌口令为"雨虹防水，专注防水20年"，真的这么专业吗？让消费者相信的理由之一是"鸟巢防水供应商"。

在创作"寿光蔬菜——健康中国菜篮子"的品牌口令时，福来将"全国蔬菜质量标准中心在寿光，出口美日欧等25国"作为相信的理由，让健康品质言之凿凿。

国联水产是中国首家获得全球水产养殖联盟（GAA）对虾BAP四星认证的全球样板企业，福来为其龙霸品牌创作了品牌口令"吃好虾，选龙霸"，价值支撑为"源自全球对虾样板基地"，用世界样板"称霸"对虾市场（见图4-18）。

图 4-18　国联水产广告

4. 陈述事实。

事实胜于雄辩。

农夫山泉的品牌口令为"我们不生产水，我们只是大自然的搬运工"，让消费者相信的理由是"每一滴农夫山泉都有优质的水源"。

牛栏山二锅头的品牌口令为"正宗二锅头，地道北京味"，它为什么既正宗又地道呢？因为"二锅头，三百年，源自牛栏山里面"。

兰格格草原酸奶为什么好喝？因为是"草原鲜奶，草原菌种，草原发酵，草原急送"，用草原的原生态，彰显兰格格草原本色！

"兴安盟大米，东北上游，净产好米"，何以见得？"在大兴安岭向松嫩平原过渡带，黑龙江、吉林、内蒙古兴安盟三地相接，被誉为中国稻米金三角，兴安盟独处上游，地净、水净、空气净，成就一方水稻净土。"言之凿凿，无可辩驳。

福来认为，身处中国这个"心智公共资产"最为丰富的国度，面对信息的碎片化、粉末化，抢占"心智公共资源"已不单是创意的方法，而是用创意让品牌"活在"这个时代的生存战略。做品牌、做创意，只有勇敢地通过"心智公共资产"与消费者达成共识，产生共鸣，才能在"大同的世界里，创造大不同"。

品牌图腾：为品牌塑造永恒的主角

● **大多数成功的品牌，都有一个伟大的图腾**

在城市的大街小巷，我们经常能看到一个穿着红黄衣服的马戏团小丑，他就是麦当劳的品牌图腾——麦当劳叔叔。这个幽默的形象带给大家欢乐的就餐体验，也成为速食文化的代表性图腾。

在商业社会中，福来把**最具代表性、差异化、个性化、可言说的品牌形象载体称为品牌图腾**。通过品牌图腾的塑造，达到吸引眼球、传递价值、影响行动、积累资产的目的。同时，品牌图腾还有三个"不会"：一是永远不会变老，二是永远不会要求加薪，三是永远不会有负面新闻。所以，我们说品牌图腾是为品牌塑造永恒的主角。

和麦当劳叔叔有异曲同工之妙的还有米其林轮胎的米其林先生、星巴克的美人鱼、熊本县的熊本熊、茅台的飞天、天猫的黑猫、金龙鱼的金鱼等。因为有了这些生动的形象，人们更愿意去接近和消费这些品牌（见图4-19）。

当然，很多全球性的地标，如巴黎的埃菲尔铁塔、纽约的自由

图4-19　麦当劳叔叔、星巴克美人鱼、米其林先生

女神像、悉尼的歌剧院、北京的长城、宝马总部的"气缸大厦"等，也都成了经典图腾。

● 图腾是一种象征，本质就是建立一种崇拜

"图腾"（totem）一词源于北美印第安人方言，意为"他的亲族"。部落时代普遍都有图腾崇拜现象，印第安人部落矗立着很多图腾柱，人们在木头柱上雕刻神秘的图案，这些图案代表关于部落的神话或历史事件。

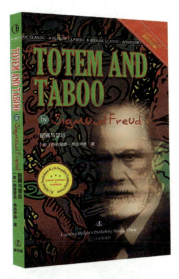

图 4-20 《图腾与禁忌》

弗洛伊德在《图腾与禁忌》（见图 4-20）中提出："原始民族通过施术，利用控制心理的规律来操纵事物。"这种操纵就是通过建立某种图腾崇拜，操控氏族群体。图腾有两大特性：一是识别性，可以通过图腾标志物来区分个体与群体；二是象征性，即图腾所携带的信息传递出精神意义。

弗雷泽在《图腾制》中说：图腾是原始人存放灵魂的储器。某种意义上说，**品牌图腾也是品牌灵魂的储器和载体**。

哈雷摩托的"铁粉"把横条加盾徽的哈雷图腾与美国鹰、火焰、骷髅等各种元素组合变成刺青，既展现了哈雷激情奔放的品牌灵魂，也建立了极具代表性的品牌崇拜（见图 4-21）。

龙是华夏文明的象征，从最初各氏族共享的神话图腾，演变到王族独享的皇家图腾，统治者通过龙的特殊意义来建立崇拜。在中国流传的"河图洛书"，被誉为神秘的"宇宙魔方"，蕴含了深奥的星象之理，大名鼎鼎的太极八卦就发端于此（见图 4-22）。同

样，儒家文化的代表人物孔子的雕像随处可见，已成为中华传统文化的图腾崇拜。

图4-21　哈雷摩托

　　　　　　　图4-22　河图洛书

春节是承载中国文化的盛大节日，而"福"字作为春节的重要图腾，其影响力早已国际化，比如美国总统经常为当地华人送上新春祝福。白宫春节招待会里随处可见的"福"字，处处彰显着中国文化的世界魅力（见图4-23）。福来的名字和图腾"福"字标，也沾了这个世界级公共资产的光。

图4-23　白宫春节招待会

在民间，中国最早的商业图腾是宋代济南刘家功夫针铺的"白兔儿为记"，通过一个生动的白兔传递出"购买上等钢针，认白兔儿为记"的价值主张（见图4-24）。

图4-24　刘家功夫针铺

图腾的四种感官体现

图腾的主要表现形式是视觉，除了视觉，还有听觉、味觉、嗅觉和触觉。

1. 听觉图腾。

上班族最能想到的是英特尔的开机音——噔噔噔噔，听到这个四音符片段，就意味着一天工作的开始，这是全球听觉图腾最具开创性和代表性的案例。

2018年，腾讯QQ信息提示音"嘀嘀嘀"正式成为商标。"嘀嘀嘀"声音通过在QQ上的长期持续使用，具备了识别服务来源的作用，具有显著的识别性，这也是我国首例经司法确认的声音标志。

福来为"横州茉莉花"创作的声音图腾，抢占世界名曲《茉莉花》，形成区域公用品牌"视觉、听觉、味觉"三合一的图腾经典案例。

2. 味觉图腾。

味觉品牌图腾一定要说说老干妈，它的独特味道也是其他辣酱无法代替的，有华人的地方就有老干妈，已成为品类代名词。福来服务的南方黑芝麻糊，以其醇厚浓郁的芝麻香火遍全国，一句"黑芝麻糊哎"的广告叫卖响彻大江南北，以致"小时候一听到黑芝麻的叫卖声，我就再也坐不住了"。

新西兰佳沛阳光金果是果中贵族，其黄金酸甜比的独特味道，吃一次就记住了。

3. 嗅觉图腾。

最典型就是"康师傅红烧牛肉面——就是这个味儿"！依靠让人欲罢不能的"这个味儿"撬开了庞大的中国市场（见图4-25）。

图 4-25　康师傅红烧牛肉面

再如，著名连锁酒店威斯汀，在房间喷洒高雅的白茶香气，使人平静、放松，世界各地的连锁店都是同一种味道，完全可以做到让人"闻香识酒店"。

五常的稻花香二号大米，隔着包装就能闻到浓郁的米香，煮熟后满屋都是香味。这也是五常大米成功的秘密武器。

4. 触觉图腾。

触觉图腾是通过材料属性及工艺设计传递的，比如摸上去冰凉丝滑的爱马仕丝巾，柔软温暖的鄂尔多斯羊绒衫，这些都是典型的触觉图腾。

可口可乐的玻璃瓶被称为"世界第一瓶"，它是强大的视觉图腾，也是触觉图腾，因为即使在黑暗中触摸，也能辨认出可口可乐的瓶子。据说该玻璃瓶设计之初，可口可乐就要求即使被打碎后也能让人凭借玻璃片辨识出是可口可乐。

在中国与可口可乐瓶享有同等地位的是飞天茅台"白瓷瓶"，远观质似凝脂，近看釉如润玉，手握圆润轻盈，在喝酒的同时给人美妙的触感，成为酱香酒的品类标配，总是被模仿，从未被超越。

157

● 品牌图腾让品牌定形，可视、可感、可知、可传

艺术家徐冰撰写了一本无字《地书》，没有任何文字语言，全书只用图形符号来讲故事，包括公共标志、表情符号、界面图标等，二年级的小学生都能看懂，充分体现了"语言要翻译，图形无国界"。

麦克卢汉在《理解媒介》里提到"媒介即信息"，人就是媒介的延伸。从传播学的角度讲，人体就是一个完整的信息接受系统，由感受刺激、神经传导、大脑活动、肌体反应四个环节组成，并触发"五感"。

发现感：读图时代，图腾最易识别。图腾释放信号，引起感官刺激，第一时间引起关注，提高了品牌发现感。例如，每当看到印有猫头的快递车，就知道那是天猫送货；劳斯莱斯的图腾是飞天女神，其独一无二的优美身姿与劳斯莱斯的品牌价值相匹配。

价值感：入眼之后是入心。图腾的意义在于传递价值主张，由神经系统传导到大脑，让消费者产生兴趣。福来为西域果园确立的图腾"果叔"，其形象是一位穿背带裤的维吾尔族大叔，手拿农具，为大家提供地道、正宗的新疆干果。

花旗银行红雨伞标志图腾，简洁时尚，蓝色和红色取自美国国旗的颜色，红雨伞包含了金融安全的理念，增加了品牌信任度。

福来为中国黄金"99999极品黄金"设计的标志图腾"皇冠图"，采用了皇冠与数字、五星的结合，彰显出"99999极品黄金"更纯、更值的价值理念。

参与感：刺激信息引起共鸣，激发受众的机体反应和参与感，做出尝试性消费。三只松鼠的标志把松鼠与坚果的互动展现得淋漓尽致，已经成为坚果的代名词，让人看了就想吃。

"黑芝麻糊哎！"我们现在看到的南方黑芝麻的品牌图腾，是

福来在原有素材基础上重新拍摄设计的。在幽暗的灯光下，小摊旁的大妈给听到叫卖声的馋嘴小孩盛黑芝麻糊的动人瞬间，传递出"一缕浓香，一股温暖"的品牌灵魂，也深深勾起大家吃黑芝麻糊的欲望（见图4-26）。

图4-26　南方黑芝麻品牌图腾拍摄现场

双倍夹心奥利奥的广告，更是开创了人们对饼干的新吃法："扭一扭，舔一舔，泡一泡"。将牛奶变为奥利奥的绝佳搭配，人们一吃奥利奥，就会想到要用牛奶泡一泡，这是一个典型的信息刺激、消费参与的案例。

传颂感：品牌图腾成为人们谈论、转述、推荐的话题，逐步积累品牌资产。福来为仲景香菇酱设计的包装上有"采蘑菇的小姑娘"的品牌图腾，人们二次购买的时候都认它。在轮胎品牌中最具代表的米其林先生，它的创作灵感来自堆叠的轮胎，不仅凸显了"米其林先生"发达的肌肉，也表现了米其林轮胎的超强性能。

归属感：很多品牌图腾已经成为消费者生活的一部分，就像迪士尼的米老鼠。相信很多"80后"和"90后"的小伙伴都很喜欢动画片《海尔兄弟》，但现在已经很少在市场上见到该部动画片的身影了，这么经典的品牌资产没有持续强化运用，实属可惜。

159

品牌图腾的本质是抢占心智公共资产

是谁发明了圣诞老人

圣诞老人大家都很熟悉，但圣诞老人是怎么诞生的、有什么故事，大多数人可能并不知道。

20世纪30年代，可口可乐为了让产品在淡季不惨淡，聘请了插画师海顿·珊布，在最早的穿着绿衣服圣诞老人形象的基础上，创作出了长着白胡子、穿着红袍子的圣诞老人。之后，可口可乐在全球范围内大力推广该圣诞老人形象，不仅使其成为可口可乐品牌的一部分，更成为全球圣诞节的公共资产，这是典型的把心智公共资产改造和据为己有并进一步发展成公共资产的典型案例（见图4-27）。

图4-27 可口可乐的圣诞老人

中国互联网企业缘何成了动物园

中国互联网企业多用动物创作品牌图腾，大有组成互联网动物园之势，如天猫的黑猫、腾讯QQ的企鹅、京东的大头狗、美团的袋鼠、盒马的大嘴河马、蚂蚁金服的蚂蚁、携程的鱼等（见图4-28）。动物是大家熟知的公共资产，更容易记忆和识别，所以很多企业都以动物为标志。在品牌创立初期，品牌标志起基本识别的作用，随着品牌与受众的互动增加，受众产生了情绪依赖与共鸣，后来品牌标志就演变成品牌的象征，形成品牌图腾。

图4-28　天猫的黑猫、京东的大头狗、美团的袋鼠、盒马的大嘴河马

比较而言，中国的新能源汽车品牌还缺乏成功的品牌图腾。第一个会是谁呢？

品牌图腾的本质是抢占心智公共资产

马斯洛在需求层次理论中提出，"人们普遍喜欢熟悉的事与物"。这些大众本来就熟悉的东西，在人类文化中达成了共识，成为消费集体意识。

毕加索说："好的艺术家复制作品，伟大的艺术家剽窃灵感。"品牌图腾就是在人类已经形成的文化基础上的再创造。

所以，"用品牌灵魂嫁接心智公共资产，是诞生伟大创意的最佳路径"。这是福来的核心方法论之一。

比如，联合国的徽章是橄榄枝地球，象征世界和平、进步与发展。后来，许多国际组织都用橄榄枝作标识，如世界卫生组织、国际劳工组织等，其目的就是发挥橄榄枝作为全球公共资产的价值（见图4-29）。

图4-29　联合国徽章、世界卫生组织徽章、国际劳工组织标识

福来根据多年的实践和研究，从心理学和美学的角度总结出品牌图腾创作的方法论：找到一个人们熟知的形象，这种形象与消费集体意识里应外合，品牌就获得了这种心智公共资产的"洪荒之力"。所以，打造品牌图腾的本质就是抢占心智公共资产，其路径共分为四步（见图4-30）。

图4-30　抢占心智公共资产的步骤

第一步，寻找心智公共资产。 找到识别度最强的心智公共资产，确认具有广泛的群众基础。

第二步，改造心智公共资产。 把心智公共资产与品牌相关联，使其更具代表性、差异化、个性化、可言说。

第三步，占有心智公共资产。改造后的心智公共资产要能够完成商标注册，完成心理和法律上的抢占，福来称其为私有化。

第四步，成为心智公共资产。私有化的品牌资产成为社会化的全新的心智公共资产，这是品牌图腾塑造的最高境界。显然，可口可乐的圣诞老人做到了。

● 改造心智公共资产四大技法："加、简、乘、变"

"加"法：旧元素的新组合，在现有形象上做叠加。2008年北京奥运会舞动的中国印是"印章＋'京'字＋人形"的组合。2022年北京冬季奥运会的明星是吉祥物冰墩墩，将熊猫与冰晶和科技相结合，这些元素叠加让冰墩墩一夜走红，一墩难求。

福来为宁夏枸杞设计的"杞宝"，立意来自"宁夏枸杞，健康国人"的理念。用枸杞构成一个热情、活泼的宝宝形象，头上加一个草帽，就赋予了中国农民的文化原力；身体上的"宁"字标，突出了宁夏的地域属性；手腕及脚腕的水纹图样，突出了黄河文化；时尚化的插画风格，更顺应互联网设计趋势。形象一经发布，人见人爱。

日本的知名城市品牌IP熊本熊，在黑熊的脸上加了两个腮红就显得与众不同，并且在推广中做足了腮红的文章（见图4-31）。

图4-31　冰墩墩、杞宝、熊本熊

著名设计师米尔顿·格拉瑟，为纽约设计的城市标志，在字母组合中加入了一颗红心，代表"Love"，成为经典，并被世界众多城市借鉴和模仿。

"花花公子"的兔子戴上了领结，就成为一只上流社会的绅士兔子。

"简"法：少即是多，浓缩的往往是精华。耐克的对勾创意源于胜利女神的翅膀，通过高度的简化和概括，形成了现在的这个对勾图案。魔爪功能饮料的爪痕，则是最具暗示性的品牌图腾，蕴含着窥一斑而知全豹的能量。

福来的"福"字标、神奇药业的"神"字标，都是名称的简化浓缩，演绎成极简的品牌图腾。

"乘"法："乘"法不是多个元素的叠加，而是多个元素的阵列式呈现，形成视觉上的密集、眩光效应。LV 经典的老花图案，由圆圈包围的四叶花卉、四角星、凹面菱形内包四角星，加上重叠的 LV 两个字母，组成了独一无二的图纹组合图腾。

福来为心连心化肥创作的品牌花纹连心图，一个个耀眼的红心多方连续呈现在化肥袋上，在农资商店里形成联排效应，摞起来的袋子即使看不到文字也能知道是心连心化肥，降低了渠道的理货成本和品牌的传播成本。

"变"法："变"法是应用夸张、变形的手法，在局部、细节制造差异化和冲突，在大同世界创造大不同。还记得《超能陆战队》的"大白"吗？没有嘴巴，黑黑的眼睛和大面积的白色形成强对比，夸张的体态威猛而又温暖，俘获了万千少女的心。大家熟悉的电商巨头京东狗的标识图腾，就是采用了不对称的比例手法，把狗头夸张放大，从而显得与众不同。

福来为中卫硒砂瓜创意的品牌IP"至尊瓜"，就是嫁接并变法了全球华人超级心智公共资产电影《大话西游》里的至尊宝形象：将西瓜与至尊宝巧妙融合，给硒砂瓜带上金箍圈，削出西瓜红爱心猴脸，点上西瓜粒眼睛，系上标志性红领巾，披着战天斗地红披风，穿上黄河水纹沙漠金靴，设计横扛金箍棒经典动作，完美呈现了"瓜中至尊宝"的形象（见图4-32）。

图4-32 中卫硒砂瓜

菇小凤是福来为汝阳花菇设计的品牌图腾，以唐宫夜宴中的乐舞俑为文化原型，明亮的大眼睛、圆圆的娃娃脸，头戴夸张加大的花菇帽，突出了产业属性和产区特性，这个"伏牛山的掌上明珠"让人看见就喜欢（见图4-33）。

图4-33 汝阳花菇

除了以上四大技法，福来图腾创作还遵循**"策略性思考、市场化设计、美学式表达"**的15字方针，以达成真善美的价值目标。

165

中国文化是建立品牌图腾的天然宝库

● 飞天茅台凭什么成为中国白酒的品牌图腾

当有人问"中国的高端白酒有哪些",我相信很多人的脑海中第一个想到的就是茅台,而且一定是最具代表性的飞天茅台。它的高价、稀缺性和独特性使其成为中国白酒界的图腾。取得这样的江湖地位,除了由独特的生态环境、酿造工艺和历史文化所形成的"国酒"的品牌灵魂,还离不开品牌形象的图腾化打造,我们常说:远看色,近看形,拿到手里看内容。下面从这几个角度进行分析。

从色的角度说,飞天茅台包装盒采用红、白、金、黑四色经典的茅台整体风格,红色鲜艳,白色简约,金色贵气又不显俗套。充分运用线条和色块的表现形式极具辨识度。

圆柱形的瓶型是对传统茅台的传承,乳白瓷瓶的材质和工艺,是充分考虑到酱酒避光的作用。整个瓶体用材考究、温润如玉。无论拿在手里还是终端陈列都极具舒适度、品质感、冲击力。

酒标的设计独树一帜,标签正面以分割形式呈现出绶带红条,上面斜体书写贵州茅台酒字样,突出了品名和商标,包装上最重要的图案是对超级公共资产"飞天"的抢占。"飞天"图案选自中国敦煌石窟中的仙女飞天,是佛教中的人物造型。仙女飞绕在天,脚踏祥云,徐徐降落,手捧金盏,款款献酒。飞天茅台将敦煌莫高窟的飞天艺术与酒文化相互交融，一方面提升了产品价值品位，另一方面使其成为极具文化底蕴的商品（见图4-34）。

图4-34　飞天艺术图案与飞天茅台商标

飞天茅台包装形象的整体设计成为中国白酒界竞相模仿的对象，可谓"总是被模仿，从未被超越"。可以说，中国白酒界的品牌图腾非"飞天茅台"莫属。

● 中国文化是建立品牌图腾的天然宝库

中国文化博大精深，有数不胜数的文化元素可以挖掘，如诗词歌赋、琴棋书画、传统节日、民间工艺、地域文化、衣冠服饰、古代建筑、传说神话等，这些都是建立品牌图腾的天然宝库。

嫦娥奔月的神话故事自古传承至今，不仅为中华民族带来了独特的风俗习惯，也激发了人们对太空探索的向往。现在，嫦娥奔月不再是千年前的传说，而是中国航天事业的一部分。中国探月工程被命名为"嫦娥工程"，从2004年开始，从"嫦娥一号"到"嫦娥六号"，中国的航空事业一次次取得重大突破，嫦娥已经成为一种宇宙级的图腾。

在遥远的年代，中国的瓷器通过海上丝绸之路传入欧洲，这种来自东方的精致瓷器被誉为china，意为来自东方的精美器皿，当时的贵族把拥有中国瓷器作为一种身份的象征。那时候，"瓷器"就是代表中国的最大图腾。"中国"的英文China也由此而来。

中山装是孙中山先生在广泛吸收国外服饰的基础上，结合中式服装的特点，设计出的一款立翻领四贴袋服装，被世人称为中山装。它的标准形式是：立翻领，对襟，前襟五粒扣，四个贴袋，袖口三粒扣，后片不破缝。这些形式和寓意其实是有讲究的，借鉴了《易经》中周代的礼仪规范，被誉为服装界的中国图腾（见图4-35）。

图4-35　中山装

福来设计的大同黄花品牌图腾源于"黄花闺女"这一民间俗语。在结合大同自古有"皇后之乡"的美誉，福来以"黄花闺女"为视觉原型，以"皇后之乡"为创作依据，创作"黄花公主"品牌图腾。从"黄花闺女"到"黄花公主"，突出大同黄花的品质感与贵族气息，"黄花公主"头戴黄花发带，身穿黄花裙，坐在一朵含苞待放的黄花之上，让消费者一眼知品类，一眼知品质！

一些国际大牌也对中国文化情有独钟。苹果在龙年设计了盘龙戏标图，用苹果的核心产品组合成了盘旋的巨龙，与苹果标志共舞，仿佛苹果被龙咬了一口，十分生动。星巴克为迎接龙年到来精心打造了3款限定咖啡饮料，无疑是一场视觉与味觉的双重盛宴。杯套上的龙栩栩如生，手持咖啡杯，时代感十足，这不仅是一种品饮体验，更承载了满满的龙年美好祝福。

熊猫作为中国的国宝，却被美国梦工厂以动作喜剧电影《功夫熊猫》为载体，成功打造了世界级超级品牌图腾和IP，并在全球进行IP授权。这既为我们提供了最好的借鉴，也给予我们最大的警示：文化无国界，知识有产权（见图4-36）。

图4-36　大同黄花、苹果盘龙戏标图、功夫熊猫

● 汉字是最大的图腾

仓颉造字为什么会"惊天地，泣鬼神"？

"仓颉造字"的传说在战国时期已经广泛流传。《淮南子·本经》中记载："昔者仓颉作书，而天雨粟，鬼夜哭。"传说造字时，天上降下粟米，鬼在夜间哭泣。因为鬼神担心人们学会文字后，都去从事商业而放弃农耕，造成饥荒；同时，鬼神担心有了文字，人们的见识多了，也就不再迷信了，因此才在夜间哭泣。"仓颉造字"让古人的生活经验和文化延续，让文明得以传承。

汉字是中华文化的重要标志，是人类文明的活化石。在世界最古老文字中，苏美尔人的楔形文字、古埃及的文字、玛雅文字都已消亡，只有中国的汉字几经演化，经久不衰。"仓颉造字"的神话，体现了上古时代先民对文字神圣和神秘属性的崇拜。汉字穿越了千年时空，带着历史的印记，最完整地记载与传承了中华文化。而且汉字是象形文字，属于表意文字，天然具有图腾的基因属性，这与目前世界上大多数国家使用的表音文字截然不同。

河南安阳的中国文字博物馆保存着中国最早的文字——甲骨文。甲骨文不仅是文明符号、文化标志，还涉及政治、军事、农事、气象等多方面。用汉字作为品牌图腾的代表性案例是中国银行。中国银行的标志抢占了中国古钱币与汉字两大公共资产，把铜钱和汉字的千年原力植入品牌。比亚迪高端品牌"仰望"的标志，创意源自甲骨文中的"电"字，既体现了新能源的产业寓意，也象征着人类的探索和进步。从甲骨文汲取的灵感和力量，指引比亚迪新能源汽车技术的不断发展。

同样，福来在为河南酸辣粉产业创作品牌图腾时，就从甲骨文中提取了"中"字，中原、中州、中国，这是代表河南和中国的最重要的文字符号，从构图与线条处理上，又演化成筷子、粉丝、碗和袅袅香气，统统置身于一个硕大的粉桶上，配上"一桶中国味"的品牌口令和"十桶酸辣粉，八桶河南造"的价值支撑，完美融合，简约而不简单，令人过目不忘。

福来自己的品牌图腾"福"字标，围绕"福"文化展开，采用弘一法师的书法，空灵中传递出"爱出者爱返，福往者福来"的经营理念。

福来以汉字为基础创作了许多品牌图腾。横州茉莉花的"横"字标，以"横"为发端，完美演绎江南窗棂、茉莉花、茶杯以及香气，将茉莉花背后深厚的东方传统文化意蕴进行场景式传达。

玉树牦牛——图中有字，字中有画，可谓神来之笔，巧夺天工。时任玉树州委书记现场点赞："品牌logo和玉树两字同构非常棒，这么多年见到关于玉树的所有logo里，这个是最到位的。时尚又接地气，福来还是下了功夫，水平很高。"玉树牦牛标志既是标志又是图腾，是图标一体化的典范（见图4-37）。

图4-37 中国银行、河南酸辣粉、福来、
横州茉莉花、玉树牦牛品牌标识

福来在为神奇药业打造品牌图腾时，从品牌与生俱来的名称中提取了"神"字，笔体飘逸洒脱、苍劲有力，体现了"神奇制药，贵在疗效"的品牌灵魂。大大的"神"字放在包装上既醒目，又统领了下属的众多品类（见图4-38）。

图4-38　神奇药业产品包装

● 仲景香菇酱品牌图腾：一个小姑娘引发的超级大创意

如果你经常乘坐东航的飞机，一定会在空姐发放的餐盒里看到过小袋装的"仲景香菇酱"，这是继老干妈之后又一现象级佐餐食品品牌新贵。其包装上那个大大的可爱的采蘑菇的小姑娘的形象，给大家留下了深刻的印象。

品牌灵魂嫁接心智公共资产，是诞生伟大创意的最佳路径。这是福来的核心方法论之一。如何为一款香菇产品塑造一个超级品牌图腾？我们从香菇想到蘑菇，再从蘑菇联想到歌曲《采蘑菇的小姑娘》。《采蘑菇的小姑娘》是几代人熟知和喜爱的儿童歌曲，有着广泛的群众基础，今天的幼儿园和小学仍在传唱这首儿歌。

这是无比宝贵的超级心智公共资产，要迅速将之"据为己有"。令人兴奋和意外的是，《采蘑菇的小姑娘》曲作者是作曲界的"大姐大"谷建芬，词作者为原文化部副部长陈晓光。一不小心，《采蘑菇的小姑娘》成了大佬级的词曲组合，我们的创意也成了"高级别"的创意。

　　福来为仲景食品的灵魂产品仲景香菇酱创作的品牌图腾，通过嫁接超级心智公共资产《采蘑菇的小姑娘》这首广为传颂的儿童歌曲，打造了一个人见人爱的"采蘑菇的小姑娘"。品牌图腾先是用了一个童星代言人演绎，后来进一步升级为插画版"采蘑菇的小姑娘"，背着小竹篓、扎着马尾辫，长着一双水灵灵的大眼睛，拿着小香菇，置身于美丽的大森林，成为产品视觉的焦点，更成了仲景食品的重要品牌资产，消费者在购买仲景香菇酱时常常"指人"购买（见图4-39）。

图4-39　仲景香菇酱品牌图腾

品牌图腾设计的四个角度

1. 品牌名称。

从品牌名称出发创作图腾，依靠心理本能，发挥视觉常识，更易识别、记忆。例如，天猫的品牌图腾就是黑猫，在线上、线下都始终围绕"猫头图腾"做创意和传播，简化的"猫头"已经从一个具体的形象变成一种"品牌容器"。

国外用名字做品牌图腾的典型案例是雀巢咖啡的"鸟窝"。雀巢靠婴童辅食产品起家，1868年，其创始人亨利·雀巢用鸟妈妈喂养鸟宝宝的温馨画面来代表企业精神。鸟妈妈喂养鸟宝宝的画面有安全、信任、温暖、慈爱、自然等多重含义，生动且传神，该品牌图腾使用至今，已成经典。

福来为寿光蔬菜设计的标志，主体由寿字构成，笔画夸张成一个七彩的菜篮子造型，体现出"寿光蔬菜，健康中国菜篮子"的价值主张。福来为西安爱菊粮油集团创作的品牌标志则是从"爱"字出发，创意设计两个叠加的"爱心"，代表心心相印、以心换心，厚重、典雅，把品牌灵魂"安心"传达得恰到好处（见图4-40）。

图4-40　雀巢、爱菊、寿光蔬菜品牌标识

173

2. 品牌灵魂。

灵魂价值图腾化，直接传达购买理由。如万宝路的牛仔传递出男子汉的气概，农夫山泉的"大水滴"传递"天然水"的理念。美国莫顿盐业的品牌图腾是打伞的小女孩，体现出即使是下雨的潮湿天气盐也不结块的特性，正所谓"盐如雨下"。

福来为服务多年的史丹利化肥打造灵魂产品"劲素"。为体现溶解快、吸收快的品牌灵魂，我们找到了象征速度的"豹子"，用化肥颗粒构成豹子的头像，极具科技像素感和速度感，形成了化肥界的劲素风景线（见图4-41）。

图4-41　劲素广告

勐海香米傣王稻，源自茶马古道上的香米小产区，是云天化集团与福来的结晶。在品牌图腾的创作上嫁接傣族文化，根据云南傣族傣王的历史形象，结合傣族古代壁画人物的造型和服饰特征，为傣王稻品牌创作专属品牌图腾——小傣王，建立百年品牌资产。

3. 行业属性。

消费者在购买产品时，先有品类再有品牌。从行业属性切入，受众第一时间就知道品牌是做什么的。比如爱达荷的土豆先生品牌形象，矮胖可爱，将品牌个性通过活泼生动的"土豆先生"展现给消费者，增强了品牌的亲和力。康师傅方便面采用的是大厨形象，也直观地体现出"就是这个味儿"的强烈食欲感。

福来为兴安盟牛肉设计的阿尔山生态牛谷，抢占牛角公共资产，体现了牛的行业属性，并融合阿尔山草场优势和地形特征，把生态价值传递给消费者。黄紫的色彩搭配，更具个性化和差异性，让图腾更醒目。

4. 文化资产。

文化无国界，文化易共鸣。福来为仲景宛西制药设计的新版IP图腾是"仲景小医圣"，在原有的医圣张仲景标志的基础上，刻画了一个白发长须，头顶药葫芦，手持《伤寒杂病论》的小仲景形象，可爱又不失权威，个性鲜明，生动活泼，很容易识别、记忆和传播，简洁明快的插画风格彰显时尚化、年轻化风格，也更适应互联网时代的全媒体全场景应用（见图4-42）。

图4-42 小仲景

曾经登上美国《国家地理》杂志封面，轰动世界的"中华贝贝龙"，被福来创作成西峡城市品牌图腾"西峡贝贝龙"，一经亮相，备受青睐。西峡是中国恐龙之乡，"中华贝贝龙"胚胎恐龙蛋化石在这里出土，举世无双，我们用世界级公共资产为西峡诸多产业赋能，实现农业与文旅融合、产城乡融合、一二三产融合，也为西峡奠定了百年品牌资产（见图4-43）。

图4-43 《国家地理》杂志、西峡贝贝龙

爱马仕品牌图腾的设计灵感源自第三代传人埃米尔·爱马仕收藏的由阿尔弗雷得·多尔创作的画作《四轮马车与马童》。画面为一辆双人座的四轮马车，由主人在前面亲自驾驭，主座却虚位以待。其含义为："爱马仕提供的虽然是一流的商品，却是商品的特色体验，需要消费者自己的理解和驾驭。"其"尊贵"的品牌灵魂一跃而出，处处弥漫着浓郁的以马车图腾为载体的品牌文化（见图4-44）。

图4-44 爱马仕品牌图腾

品牌图腾设计运用的六种形式

1. 标志图腾。

标志的本质是代表品牌，向社会传递信息的一种服务。这种现象初始于农业社会对牲畜的烙印，用于区分不同的主人（见图4-45）。

中国的汉字源于象形文字，本身就是一种图形标记。汉字更是民族灵魂的纽带，不管走到哪里，哪怕是一块牌匾、一面旌旗，上面的汉字会像磁铁般吸引

图4-45　牲畜烙印

着我们，那是华夏文明的寄托。福来倡导**标志图腾一体化，既体现标志的识别功能，也具有图腾的崇拜情绪，二者实现完美统一**。

苹果logo的灵感，源于苹果树下牛顿的故事。苹果为什么被咬一口的问题，有人认为是源于亚当和夏娃偷尝禁果的故事，也有人认为是为了纪念"计算机之父"艾伦·麦席森·图灵。无论如何，乔布斯都是苹果的品牌大使，抢占了人类的超级公共资产之一。

福来为新业集团设计的标志创意来源于新疆的四种精神，分别由四种植物来代表：天山雪松——挺拔高洁；绿洲白杨——亲和友善；沙漠胡杨——坚守从容；戈壁红柳——热情豁达。四片树叶紧紧围绕在一起，代表着集团拥有多个事业全产业链协同发展，象征了集团扎根新疆、建设新疆、保卫新疆的精神。

　　福来为枸杞第一品牌百瑞源设计的馆阁体字标，厚重且有文化内涵，成为宁夏枸杞的"金字招牌"。支付宝的"支"字，在蓝底上格外耀眼，简洁明快，图标一体化，易辨别、易使用。

　　标志图腾的创作很重要，坚持更重要。几年前，博柏利弃用了经典的骑士标，采用辨识度不高的非衬线体。后来，骑士标又改了回来，并在原来的基础上做了升级，人物形态看上去更优雅、动感，克莱因蓝则更具视觉冲击力，整体焕发出崭新的贵族气息（见图4-46）。

图4-46　新业、苹果、百瑞源、支付宝、博柏利品牌标识

2. 色彩图腾。

　　色彩的本质是建立品牌整体视觉优势，色彩拥有波长效应，往往比图形更具视觉冲击力。美国总统特朗普在与奥巴马做权利交接的时候，特朗普夫人手里拿着"蛋蓝色"的包装礼物蒂芙尼，这个色彩独特的礼物让蒂芙尼在世人面前做了一次免费宣传。

　　依云矿泉水的粉色、宜家的蓝黄色，绿车身黄轮胎的农业机械商约翰迪尔、爱马仕的橙色、史丹利化肥的黄色、喜茶的黑白灰，都为品牌建立了视觉优势（见图4-47）。

图4-47　依云矿泉水、蒂芙尼、宜家品牌颜色

用色如用兵，不在于多，而在于精。福来的品牌色是中国红，因为我们致力用中国智慧解决战略品牌难题，而红色最能代表中国，套用现在比较流行的一句话，"如果智慧有颜色，那一定是中国红！"

3. 卡通IP图腾。

卡通IP的本质是要成为品牌的免费代言人。因为具有公共资产原型以及人格化的特点，卡通IP更有亲和力和互动性，非常适合塑造成品牌图腾。

在迪士尼的卡通王国里，有许多可爱的卡通明星，其中资格最老的无疑是米老鼠和唐老鸭，多年来一直位居全球最受欢迎的卡通形象前列。

这方面，特斯拉创始人马斯克可谓品牌图腾大师，在被美国当选总统特朗普任命为"政府效率部"（Department of Government Efficiency，DOGE）负责人不久，他就公布了政府效率部的品牌logo，也是一个典型的卡通IP图腾：一只可爱的犬形象（见图4-48）。巧妙地结合了"DOGE"的英文简称，嫁接世界级心智公共资产：一个近年来风靡全球网络的动画柴犬Doge（神烦狗），成了新一代的流行词和表情包。

图4-48　DOGE品牌图腾

福来全案服务的土特产品牌井冈山，以"红色文化的当代表达"为策略，以经典电影《闪闪的红星》中的小红军潘冬子为创作原型，打造了井冈山土特产品牌IP——优质土特产推荐官"小冬哥"，为井冈山优质土特产代言（见图4-49）。

福来打造的新疆文旅品牌IP图腾"阿凡提"，把传统的阿凡提形象归纳化、网络化，使用类乐高的表现手法，给人一种耳目一新

179

图4-49 井冈山品牌
图腾"小冬哥"

的感觉。如今，在乌鲁木齐大巴扎，阿凡提随处可见，生动可爱，尤其是阿凡提美食城楼顶的那个超大型"阿凡提"，已经成为大巴扎的"网红"地标。

4. 花纹图腾。

这种规律性、阵列性、重复性的能够代表品牌形象的图案就是花纹图腾。它的本质是抓取眼球，建立强大的视觉牵引力。在《美的分析》中，画家荷加斯提出线条美特征："一切由所谓波浪线、蛇形线组成的物体，都能给人的眼睛一种变化无常的追逐，从而产生心理乐趣。"

就如2008年北京奥运会祥云花纹在各种物料上的使用，既体现了中国传统文化，又极具视觉冲击力。

花纹图腾被撕碎了认识！就如阿迪达斯的三条杠、711店头的红绿条、F1赛车的黑白格子旗，这种多方连续的形式既让品牌拥有强大的仪式感，也践行了感官营销大师马丁·林斯特龙在《感官品牌》中提到的"品牌粉碎效应"。

福来为心连心化肥创作的连心图（见图4-50），创意来自企

图4-50 连心图

业"用心做事，诚信做人"的理念，红色爱心的四方连续让品牌拥有强大的象征性和仪式感，在终端渠道起到很好的视觉牵引力。

5. 产品图腾。

产品是品牌最大的媒体，也是和体验者的最终接触点，产品外形是创造品牌图腾的重要选择。

绝对伏特加酒瓶的设计灵感源于瑞典的一种古老药瓶，颈短肩圆。用全透明的水晶玻璃材质，把品牌信息直接印在瓶身上面。这种独具个性的包装设计传递出纯正、净爽的品牌价值，使其在众多品牌中脱颖而出，成为酒瓶中的艺术品，更成为品牌资产容器。

宝马车具有极高的辨识度，是因为其拥有标志性的前脸。宝马的设计理论就是距离100米就能知道它是什么车！近百年来，宝马太阳眼镜式的双肾格栅被用在了每辆车上，成为比品牌标志还具识别性的标志性形象元素。

好产品自己会说话。小罐茶用独特的产品造型重新定义了中国茶的商业逻辑，每一小罐拿在手里都很轻便，一罐刚好就是一泡的量，也便于储存。而且因为是充氮铝罐材质，可以彻底隔绝空气、阳光、水分，使茶不被氧化，不受潮，既保鲜又长久，又使产品凸显价值和档次。

劳力士独特的金银色表带，香奈儿5号香水的瓶子，红牛功能饮料的金罐，好时的陀螺形巧克力，万字酱油的小号回流瓶，都是把产品设计做成了品牌图腾，在全球市场上建立了鲜明的品牌优势（见图4-51）。

福来为兰格格草原酸奶确立了"大蓝瓶"的品牌图腾，瓷瓶酸奶是消费者小时候的记忆和味道，这个大蓝瓶形象通过在厂房、高速公路、其他各种终端的战略化的应用，已成为行业经典，更成为

"草原酸奶之都"乌兰察布的重要象征。

图4-51 绝对伏特加、劳力士、香奈儿5号、小罐茶、好时巧克力产品

6. 人物图腾。

人物图腾的本质是现身说法、以身代言，拉近品牌与受众的距离。没有人比肯德基的创始人哈兰德·桑德斯上校更具震撼力了，花白的胡须、白色的衣服、黑色的领结，成为肯德基的最佳象征。

运动品牌李宁在消费者眼中是与"体操王子"李宁的形象连在一起的。在纽约时装周的国际舞台上，凭借着深厚积淀和国潮范儿的精准把握，再一次唤起国人对中国品牌的自信。

褚橙的褚时健、辣酱里的老干妈、万宝路的西部牛仔，都具有特殊意义和吸引力。

福来为沁州黄小米集团设计的"护米人"图腾，源自其创始人石耀武先生。他几十年如一日地守护名米，开创了中国小米品牌，成为行业代表人物，更成为正宗沁州黄小米的信任标志（见图4-52）。

图4-52 肯德基、万宝路、老干妈、沁州黄品牌标识

品牌图腾应用的三大载体与三大场景

1. 品牌图腾应用载体之一：图腾让包装更利于卖出去。

包装是最大的媒体，也是最重要的根媒体。

福来研究消费者购买行为后发现，在终端移动中的消费者看包装的有效时间仅有1秒，停顿的有效时间为3秒。因此，能否在3秒内把商品卖出去是衡量包装是否有价值的重要标准。福来称为**"包装3秒定律"**。

把品牌图腾运用到包装上，就是实现"包装3秒定律"的重要手段。品牌往往是陌生的，但图腾常常是熟悉的，瞬间就可以拉近品牌与消费者的距离，获得优先选择权，可以帮助包装达到"4被"效果——**被看到、被拿起、被买走、被推荐。**

被看到，就是首先要解决产品在货架"醒目"的问题。这是最关键的一步，也是最难的一步。

被拿起，就是消费者拿起包装之后，产品要与其快速建立沟通，俗话说"夜长梦多"。3秒之内要传递出产品是什么，好在哪儿，为什么好。这就是福来提出的**"包装3秒定律"**。

被买走，就是通过包装使消费者产生共鸣，使其产生消费冲动，在最短的时间内做出尝试性购买。

被推荐，就是用了都说好，口口相传，介绍给更多的人。

福来为仲景艾草设计包装时，针对艾草产品普遍存在的两大问题——缺乏价值输出、缺乏鲜明品牌形象——力求突破，重新

183

定义中国艾草的视觉美学。福来立足仲景养生文化，以文化大IP《千里江山图》宏大画卷为背景，与仲景品牌IP、艾草产品形态完美融合，体现人与自然和谐共生的美学意境，通过对艾草字体的巧妙解构、小仲景与艾草产品的互动等创意，构建文化性、互动性、商业性"三位一体"的艾草设计新美学（见图4-53）。

图4-53　仲景艾草包装

"用真艾，选仲景"的品牌口令以及"来自世界艾草之乡——南阳"的价值支撑也突出呈现。独特的视觉设计和特殊的印刷工艺让品质感跃然而出，实现了"五个一"效应：一眼见文化、一眼见品类、一眼见品牌、一眼见产品、一眼见价值。产品一经问世，好评如潮，成为艾草产品包装设计天花板经典案例。

福来为神奇制药的儿童药品牌"神奇娃娃"打造产品图腾，根据目标人群，找到了哪吒这个孩子们喜欢的超级公共资产，通过改造、嫁接，使其成为神奇娃娃专有的图腾，在神奇娃娃系列药的包装上大放异彩（见图4-54）。

江小白的表达瓶是一种可以用来表达情感的瓶子。用户扫描江小白瓶身二维码，输入文字，上传照片，就会自动生成一个专属

图4-54　神奇娃娃包装

酒瓶。然后，用户可以将自己原创的内容通过互联网平台展示给其他用户。这样的包装设计更拉近了消费者与商家的距离。江小白成为用户原创的代表。这个方方扁扁的瓶型和文字，也就形成了产品图腾。

2. 品牌图腾应用载体之二：图腾让海报入眼入心。

海报是品牌宣传的核心工具，在信息爆炸的环境中，图腾可以让海报脱颖而出，成为打入消费心智的地图。

图腾的应用不能只在电脑前看，而是要考虑到海报贴到终端的效果。检验信号是否够大，标准就是看缩略图的字体，画面也要足够清晰。

天猫的"双11"海报，其视觉核心在线上线下都始终围绕猫头做创意和传播；再如乌江榨菜海报，采用了京剧脸谱作为品牌图腾，几乎占了海报一半的位置，传递"中国好味道"的品牌灵魂。

福来为横州茉莉花设计的海报，首先映入眼帘的是品牌IP东方茉莉仙子，像天女下凡一样手托茉莉花，让人赏心悦目，既吸引了眼球又传递了花的行业属性，再配以弘一法师字体的加持及雅致的横字标，成了区域公用品牌的标杆（见图4-55）。

185

图4-55　横州茉莉花主视觉

　　福来服务的熊材食品，采用一只憨厚的熊作为品牌图腾，几乎占了海报一半的位置，围裙和筷子则是厨房的象征，尖尖的脑袋传递"不怕山高路远，只为记忆中的好食材"的"地道食材"品牌灵魂，以及"仗筷走天下"的执着与豪情。

　　3. 品牌图腾应用载体之三：图腾让门头成为战略。

　　行业里流传"不换门头就换老板"这样一句话，可见门头的重要性。

　　门店就是流量池，注意力就是进店率。无论是线上的门头还是线下的门头，都要遵循这样的原则，做到最大化流量转化。线上店面门头，一是要求网页的浏览速度，这时候图片尺寸就很关键，既要图像清晰可见，又不能出现卡顿现象；二是要建立视觉印象，但又不刺眼，方便线上长时间阅读。线下门头分为远、中、近3个距离的设计。远：即百米开外，如何引起人们的注意；中：即50米内如何建立视觉优势；近：即抬头一看就想进来。

　　以麦当劳为例，麦当劳的字母M是竖在麦当劳门店门头或高高的立柱上的，我们往往会被其吸引。这时候，麦当劳就进入了我们的选择范围；再往近走，我们会看到红黄相间的门头和麦当劳3个字；接着走就到了门口，看到了诱人的食物海报，上面有很多促销信息，这些品牌信息都会刺激我们产生行为反射，于是我们可能会选择推门走进去。在这里，黄色的字母M就是图腾战略化应用的典范。

相比麦当劳，肯德基的门店就稍显复古，没有麦当劳那么具有冲击力。表现更差的是汉堡王，大面积的黑底白字显得很呆板，标志是英文品牌名称组合，没有鲜活的品牌图腾加持。汉堡王的产品并不差，但经营在快餐三巨头（麦当劳、肯德基、汉堡王）中一直垫底，或许与缺乏品牌图腾有一定关系。

近几年启用的北京大兴国际机场已成为世界奢侈品的大舞台。LV的品牌图腾是混合了星形、菱形和圆形的组合图案，并配有路易·威登的两个大字母。这个独特的花纹类图腾在机场专卖店全方位覆盖、全屏播放，并在声光电的加持下熠熠生辉、夺人耳目。

奶茶新秀霸王茶姬的品牌图腾是一个新古典东方美女，融合了中国传统文化和国际化的审美，将戏曲人物的写实风格改造成扁平画风格，并大量使用了原木纹理、戏曲戏服、手工刺绣等元素，展现了深厚的东方文化底蕴（见图4-56）。

图4-56　LV门店、霸王茶姬门店

4. 品牌图腾应用场景之一：根媒体的全面图腾化。

根媒体是福来的原创方法论，是指自身拥有和掌控的具有媒体属性与功能价值，无须支付媒体发布费用的一切资源。

品牌图腾设计出来后，不应立刻去投放广告，而应先应用在根

187

媒体上，包括产品包装、企业厂房、地标建筑、运输车辆、员工服装、终端物料、自媒体等。这些资源本身就存在，只需要把品牌图腾放上去，就能直接产生传播价值。蒙牛乳业在这方面很早就有尝试，比如在工厂的大奶罐上印上蒙牛标识，在员工的领带上印上草原奶牛的图案，每次参加活动都能起到宣传品牌的作用。

去过五粮液酒厂的人应该都知道五粮液大瓶子建筑，高高耸立在酒厂之中，它既是五粮液的产品图腾，更是白酒行业根媒体地标化的生动实践（见图4-57）。

图4-57　五粮液大地标

迪士尼是一个根媒体化的乐园，乐园里的每一位身着玩偶服装的工作人员都尽全力扮演卡通角色。比如，奥乐米拉在达菲商店门口和粉丝合影，白雪公主和七个小矮人组合出现，米奇、米妮形象广泛应用于各种道具、玩具、装饰上。在花车游行经过人群时，卡通人物还会和游客拍照互动（见图4-58）。

航空公司留给大家的印象来源是什么呢？多数回答一定是空姐。在众多航空公司中，海航曾给大家留下了深刻的印象，这得益

图4-58　迪士尼乐园

于海航的制服"海天祥云"，以中国国服旗袍形状做底，占领"旗袍"这一心智公共资产，领口为祥云漫天，下摆为江涯海水，以"彩云满天"为基，搭配黄色海浪和红色蝠燕，穿上旗袍的空姐气质温婉秀丽，凸显了东方女性特有的美（见图4-59）。

图4-59　海航制装

福来为草原酸奶世家兰格格设计的大蓝罐图腾，首先在其工厂核心位置竖立起来，一进工厂就能看到（见图4-60）。

189

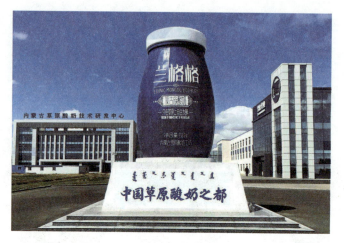

图 4-60　兰格格大地标

　　福来为横州茉莉花设计的花仙子图腾，通过品牌授权，借花茶企业海量包装传播开来。同时，用足辖区内的根媒体资源，频频出现在横州的产业小镇、公园长廊、电梯等人口流动大的地方，以及景区地标、高速路大牌、会场物料、公交站牌、主街道路灯上，让横州茉莉花走进千家万户、千厂万店，走进人们的茶余饭后，走入消费者心中（见图4-61）。

图 4-61　横州茉莉花产区

5. 品牌图腾应用场景之二：图腾让终端更加生动化。

　　终端是品牌和消费者最关键的零距离接触点。终端不只有线下终端，商店是终端，网页是终端，手机界面也是终端，人间处处皆终端。我们一定要带着大终端思维去理解图腾的作用和运用。

品牌图腾让产品从"最后一公里"迈进到"最后一米"。品牌图腾为什么可以让终端生动化？原因有三：一是引起消费者的注意，激发消费集体意识，最终形成购买；二是提升品牌形象和销量，将多种产品集中陈列增加规模感；三是增加产品与消费者的互动性，建立品牌黏性的同时发挥更广泛的宣传效应。

快消巨头农夫山泉率先打响自动售货机终端战，在中国300座左右的城市，投放了近100万台自动售货机。机柜就是最好的广告位，上面的大水滴就是农夫山泉的品牌图腾，与包装相互呼应，生动传递着"天然水"的品牌灵魂。

品牌图腾也是中国人礼尚往来最好的载体。每逢过年过节，王老吉都会用一系列大气的创意堆头，给终端市场带来了一道亮丽的风景线。以红罐为载体，以"吉"元素为图腾，创意设计的各种物料琳琅满目，集中凸显一条信息：过吉祥年，喝王老吉。一系列创意堆头不仅成为品牌曝光的有效手段，更为下沉渠道打造了地标场景，真正做到了品牌与渠道的双赢（见图4-62）。

图4-62　王老吉创意堆头

仲景香菇酱围绕"采蘑菇的小姑娘"品牌图腾，在终端卖场建立整体视觉优势，专柜、包柱、海报、挂架都是统一的形象，把采蘑菇的小姑娘、生机盎然的森林、诱人的大颗粒香菇酱，有机联系在一起，通过终端的生动化展示和规模化试吃，实现宣销一体化，销量和品牌双提升（见图4-63）。

图4-63　仲景美食节品牌图腾运用

6. 品牌图腾应用场景之三：互联网和人工智能让品牌图腾大放光彩。

互联网和人工智能为品牌图腾插上了飞翔的翅膀。首先体现在网页、详情页、直播现场的浏览上，使品牌的关注度、互动度、生动度大大提高。随着网络社交的活跃，品牌图腾也变成了各种表情包和IP形象，高频使用、快速爆发、高自传播性，更好地提高了用户参与度与分享度，是内容营销和互动沟通的完美结合。

　　"网红"品牌花西子，凭借雕花口红聚集了巨大的流量。其别具一格的雕花纹理下，藏着来自东方的浪漫色彩，精工雕琢之间尽显古韵典雅之风，让人禁不住细细品味。在网页和详情页的使用上，最大化地体现国潮风格，放大雕花口红的特写图片，让人看了就想买，买了还想推荐给别人（见图4-64）。

图4-64　花西子雕花口红

　　每年春节前夕，农夫山泉都会推出一款限量典藏生肖瓶。每一款生肖瓶就是一个生动的产品图腾，也是对十二生肖文化的演绎。点击手机农夫山泉的活动App抽奖，就有机会得到生肖瓶。该活动极大地利用了生肖文化的消费集体意识，年年不间断地推行，参与者也越来越多，很好地积累了品牌资产。

　　同样，福来也为宁夏枸杞的品牌图腾"杞宝"设计了一系列战略性推广手段，围绕二十四节气，把中国枸杞的养生文化表现得淋漓尽致，集实用性、观赏性和功能性于一体。同时，福来为移动端制作了一系列表情包，并发动宁夏全区干部群众集体转发，成为逢年过节品牌与社会大众沟通的生动纽带（见图4-65）。

图4-65 杞宝二十四节气图、表情包

福来为仲景宛西制药设计的IP图腾"仲景小医圣",开启了仲景制药品牌年轻化新时代。随着全媒体化的使用,"仲景小医圣"已经在南阳张仲景文化节、仲景健康养生节、市场推广、药房科普等一系列活动中出现,从包装、自媒体走进短视频,从线上到线下开始全面履行仲景健康养生官的职责。例如在研学游中,"仲景小医圣"与小朋友们共同领略中医药文化的博大精深，带领小朋友参与药材制作、模拟"望闻问切"环节，大大增加了活动的娱乐性、趣味性和参与度（见图4-66）。

图4-66 "仲景小医圣"系列活动照

未来，随着以ChatGPT为代表的生成式人工智能技术的发展，品牌图腾的延展性、生动性、丰富性和体验性将大大提高，这不仅为品牌图腾提供了更大的价值释放和拓展空间，也为品牌图腾的创作提供了最好的技术武器。

福来创作的中卫硒砂瓜品牌图腾就借助了人工智能之力，创造出一个呆萌、立体、鲜活的"至尊瓜"，让AI也尝尝中卫硒砂瓜的味道。

2023年9月12日，可口可乐推出首款联合人工智能打造的无糖可口可乐"未来3000年"（见图4-67）。在包装设计上，可口可乐将极具未来感的风格引入AI图像生成器，为主视觉设计提供了无限灵感。2024年4月，可口可乐更是宣布向微软投资11亿美元，双方将共同开发适用各种业务职能的创新型生成式AI应用案例。未来已来，想象空间和创作空间极大。

图 4-67　可口可乐"未来 3000 年"广告

第五章

营销定势：
创造强大的市场势能

　　善战者，求之于势，不责于人。营销定势是抓住关键营销要素，组合独特营销打法，创造强大的交流和交易势能，实现更好的成交转化。

　　成功的企业往往善于制造声势，占据制高点，一旦发动市场进攻，其"势"不可阻挡，胜不可逆。

为什么营销要定势

图5-1　福来营销定势模型

● **善战者，求之于势，不责于人**

《孙子兵法·势篇》说："善战者，求之于势，不责于人，故能择人而任势。"孙子认为，用兵的最高境界是以"势"取胜，而不是苛责部下以苦战取胜。

营销是一场攻心战，需要在消费者心里打一场以"势"取胜的战役。营销定势就是要在消费者心里制造一种强大的势能。**成功的企业往往善于制造声势，占据制高点，一旦发动市场进攻，其**

"势"不可阻挡，胜不可逆。这种有利态势，就是在消费者心里制造一种"胜势"。

就像小米造车，雷军不愧是营销造势的超级高手。

2021年3月，雷军宣布小米要造车，承诺10年投入100亿美元，他说："我愿意押上我人生中所有积累的荣誉和战绩，为小米汽车而战！"

"山雨欲来风满楼"，自此，三年间有关"雷军造车"成功与否的讨论就没断过，关于小米汽车的核心团队、技术研发、战略合作、首款车型、定价策略等信息层出不穷。

2023年12月28日，小米汽车在北京召开技术发布会，首款产品小米SU7也公开亮相，并定位为C级高性能生态科技轿车。一时间，各路媒体、科技大咖、平台大号全"疯"了，相关报道铺天盖地。

作为行业新兵，小米汽车发布会前的2024年3月27日晚间，小米在北京、上海、深圳等城市的地标建筑上特别通过灯光秀向比亚迪、蔚来、小鹏、理想、华为等先行者进行隆重的致敬，再次为小米汽车创造了全民关注的话题。

雷军表示："我们要造的不是一款平庸的车，我们要造的是一辆媲美保时捷、特斯拉的梦想之车。"小米汽车首款作品小米SU7的外观设计、性能、续航、安全等细节首次公开亮相。

要不说雷军是高手呢！技术讲完了，车也看了，唯独没有谈定价，只给出了"有理由的贵"这一模糊概念。网上新一轮的"定价竞猜"开始了，14.99万元、19.99万元、29.99万元……

2024年3月28日，小米汽车正式发布。小鹏汽车董事长何小鹏、蔚来汽车创始人李斌、理想汽车创始人李想、长城汽车董事长魏建军、北汽集团董事长张建勇等行业大咖也出人意料地聚齐现场，再次引发舆论热潮（见图5-2）。

图 5-2　小米汽车发布会现场

发布会结束后，据官方消息，小米 SU7 4 分钟大定（已支付定金）破万台，7 分钟破 2 万台，上市 27 分钟大定达 5 万台，再一次开创了中国汽车行业的历史，成为全网热议的焦点。

雷军造个车，网友操碎了心。无论是定价还是颜值，无论是技术发布会还是产品发布会，大家都被全网势能裹挟、关注、讨论。可见，雷军的精力一半在造车，另一半在造势。最终成功与否，不敢妄下定论，但其势能已经所向披靡！

孙子说："善战者，其势险，其节短，势如彍弩，节如发机。"意思是厉害的将领制造的势能强大且具有压迫感，进攻的节奏短促而具攻击力。势能之大就像满弓待发的劲弩，一旦开战，打赢就像拨动弩机一样简单。

营销的道理也一样，高手通常会先做"势"，再做"市"，最后做"事"。势强则市顺，市顺则事少。只要产品在消费者心智中构建了强大的势能，客户、市场、渠道的开拓就能水到渠成，最后的营销动作一定是简单、有力、势如破竹。

营销势能，强在"顺势破局"

营销要有势能，就要顺大势，破大局，成为新势力。

在汹涌的大势面前，任何优势和旧势力不值一提。当我们顺势出手时，力量将获得几何级增长，成长速度也将是几何级的。

元气森林从2017年起步，短短几年从无到有，高速增长，成为中国饮料行业的一匹超级黑马。在巨头云集的饮料行业能有此建树，可见元气森林的成功绝非偶然和运气，而是一场踏准节奏的顺势而为。这个势，就是"0糖"饮料的消费大势。

元气森林，顺势引领"0糖"饮料更健康的消费趋势，改变了中国人喝饮料的观念，打破了中国传统饮料的品牌格局。甚至代表一种社会潮流、一种生活方式，势能强大。

特斯拉的强势是顺应并引领了全球新能源发展的大势，打破了全球传统汽车产业格局；英伟达的强势是从显卡王到AI新贵，每一次都是提前踏准大势节点，做到顺势破局，势能获得几何级放大。

营销势能，成在"众说纷纭"

营销要有势能，就要全民关注，众说纷纭，成就现象级。

在今天这个信息超级泛滥、人们的注意力超级分散的时代，能被"众说纷纭"的产品，其每一个营销动作所产生的传播势能，都被成10倍甚至百倍级地放大了。

当产品尚未上市，"未见其人，先闻其声"；产品上市发布后万众期待，各路媒体争相报道；产品上市后，各种测评、好评、槽评，形成立体裹挟之势；随后，产品在各平台霸榜的销售数据全网刷屏，又一轮裹挟之势来袭，势能如滚雪球般地被加速放大，成为现象级产品。

在这方面，乔布斯是宗师级高手。从计算机、随身听到手机、平板，每一场乔式发布会，每一款新品上市，都会引发全球的高度关注和疯狂追逐。

还有余承东在演讲中频频提及的"遥遥领先"，已成为科技圈的热梗，更是网友调侃余承东的谈资。之前有传言称，华为创始人任正非下令禁止使用"遥遥领先"一词，每次提及都会罚款1万元。在中国汽车蓝皮书论坛上，余承东在演讲中表示："问界汽车在质量、可靠性、耐久性上，我们已经做到了'那4个字'。""那4个字"代替了被任正非禁止使用的"遥遥领先"，再次引发网络热议。这也从侧面说明，无论说与不说，"遥遥领先"4个字以及其背后的华为科技实力已经被几何级放大了。

近两年，"冰城"哈尔滨无疑是最炙手可热的焦点之一。"机场音乐会接风""南方小土豆""马铃薯公主"等频频登上热搜榜，通过融媒体和自媒体的追捧与分发，在一传十、十传百的几何级放大效应中，塑造了城市和文旅品牌形象，这是一种堪称经典的城市营销。

● 营销势能，发端在4P组合

营销要有势能，势能的源头和发端在哪呢？在4P，即产品（Product）、价格（Price）、渠道（Place）、推广（Promotion）。

有人可能会说："4P谁不知道？太简单了！"这说明还没悟到4P的精髓。真正的营销高手都是回归本质、回归4P的人。

4P是营销的底层思考逻辑和经典理论框架。无论是什么类型的企业，4P都是营销规划的基石，也是营销定势的发端。

营销不过4P，但4P组合之变不可胜穷也！有"产品为王"的组合打法，有"价格利剑"的组合打法，有"渠道强权"的组合打法，更有"推广爆破"的组合打法。

4P不宜平均用力，而要突出关键要素，然后灵活组合，不拘一格。产品胜势、价格胜势、渠道胜势、宣传胜势，必有其一。所谓针尖捅破天，即至少有一个要素要足够犀利，能够占领市场高地，以1P驱动4P，成就4P组合的强大势能。

营销定势，就是量身定制4P组合的独特打法，创造一种"赢销"势能，实现更好的成交转化效果。 逻辑上要"外顺大势、内驱4P"。组合打法要根据战略、竞争、消费、市场的不同，做到因时、因敌、因地制胜。

在全球实体书店普遍经营惨淡之时，日本茑屋书店逆势飘红，成为最受日本人喜爱的"第三空间"，门店突破1400家，近1/2的日本人拥有茑屋书店的会员卡（见图5-3）。

图5-3　茑屋书店

茑屋书店成功的核心是把渠道（书店）做成了品牌道场：根据消费者大数据分析，茑屋书店能掌握每个街区消费者的个性化需求，做到一店一策的图书、影音、文旅产品投放，还不定期举办各种文化活动、讲座，并与电信巨头、大品牌联合，为消费者提供个性化服务和超值折扣。这些极致的服务和体验，大大增强了消费者黏性，成为人们生活中不可或缺的一部分。

产品之势在灵魂产品

● 产品是企业战略的排兵布阵

产品是战略工具，所有战略意图的表达都要靠业务和产品实现。

每款产品都有自己的战略使命和任务，产品就是企业战略的排兵布阵，产品结构就是战略布局图，产品推出次序就是战略路线图。产品战略包括产品结构、使命任务、推出次序三类内容。

就像一支足球队有前锋、中场、后卫、门将等，产品就像足球场上的11名球员，大家位置不同，职责不同，但战略目标一致。4-4-2阵型也好，3-5-1-1阵型也罢，都是根据自身、对手与场上形势在战略上的排兵布阵，是战略布局。每一次进攻和防守都构成了战略路线。

球星是球队的灵魂，能凝聚球队全员的精气神和战斗力。企业的产品战队也需要灵魂，福来称之为灵魂产品。

灵魂产品是企业的战略大单品，是战略之根的引擎，是品牌灵魂的载体，是产品组合的主心骨，是财务报表的主角。

我们说，产品是企业战略的排兵布阵，那么灵魂产品就是激活战略的引擎，是一切产品战略要素的核心。在产品结构中，灵魂产品是战略基石，在使命任务上，灵魂产品是战略主力，在推出次序上，灵魂产品是战略先锋（见图5-4）。

205

图 5-4　福来产品策略三角形

因此，没有灵魂产品，就没有产品势能，也就没有品牌势能和营销势能，最终导致没有战略势能。

● 灵魂产品是"主心骨"和"发动机"

一瓶飞天茅台撑起茅台业绩的半边天。在可口可乐饮料帝国，碳酸饮料依然是企业的绝对主角。雀巢咖啡在雀巢公司近千亿美元的营业额中仍举足轻重。

一家基业长青的伟大企业，一定拥有持续创造灵魂产品的能力。

苹果公司的商业传奇，就是靠一款款灵魂产品完成的，如Macbook、iPod、iPhone、iPad、Apple Watch等，每一款灵魂产品都在为苹果商业帝国的战略、品牌、业绩、市值增光添彩。

伊利乳业凭借早期的灵魂产品"伊利纯牛奶"奠定了行业领先地位，随后又成功打造了"金典有机奶""安慕希酸奶"等灵魂产品。自2021年起，这三款灵魂产品的年销售额均突破200亿元，形成了三大灵魂产品领衔的庞大产品群。

心连心化工集团坚守福来为其制定的"高效肥"根与魂，在国家化肥0增长的宏观调控背景下，利润实现10年10倍的逆势飞扬，从2011年营收36亿元、利润1.8亿元增长至2022年的营收230亿元、利润18亿元。10年高速增长的背后，是"高效肥"战略定向后以"聚能网""超控士""水触膜""黑力旺"等各阶段灵魂产品的强力驱动，实现差异化、精细化的"高效肥"产品结构布局。

一款灵魂产品成就一个品牌，驱动一家企业。

特斯拉Model Y，2024年取代丰田RAV4成为全球最畅销车型；华为Mate 60，让华为手机重回世界巅峰；仲景香菇酱，开创新品类，成就一家优秀的上市公司；黑芝麻糊，打造了经典的南方黑芝麻品牌，成为几代人的温暖记忆；海天酱油，成就海天味业王国；复方丹参滴丸，扛起天士力现代中药大旗……

因此，灵魂产品是"主心骨"，是"发动机"，没有灵魂产品的企业往往产品很多，却没有一个能打的，产品像一盘散沙，效率低下。

现代营销学之父菲利普科特勒说："一个伟大品牌的核心是产品。"只有伟大的灵魂产品，才能成就伟大的品牌！

● 灵魂产品是企业的"1号势能"

灵魂产品是企业的"1号势能"，是企业的"1"，其他产品都是"0"。

企业往往认为应多子多福。每当我们走进企业的展厅，产品SKU数不过来，少则几十个，多则上百个，甚至跨品类、跨行业。看似琳琅满目，实则没有灵魂产品，根本谈不上打市场、做品牌。

成功的企业，如蒙牛、农夫山泉等，虽然产品也多，但他们不是一上来就推出一堆产品，而是集中资源打造灵魂产品"1"，遵循"1托1、1托N"的规则，有先有后、有主有次地设计产品开发路径。

灵魂产品的使命和任务为1托1、1托N。

1托1：指集中资源、聚焦发力，首先打造1个在全国有影响力的灵魂产品，通过这个"1"将母品牌的灵魂产品塑造起来，打出胜势和行业地位。

1托N：当母品牌因其灵魂产品有了一定的知名度和影响力之后，企业就成为其可信赖的品牌，再通过这个母品牌的"1"托起"N"个产品线，实现快速拓展。

雀巢公司有150多年历史，是全球食品老大，通过成功打造"雀巢咖啡"这个灵魂产品的"1"，奠定全球商业帝国的根基，进而成就雀巢这个母品牌的"1"。今天的雀巢公司，产品早已覆盖饮料、营养品、宠物食品、矿泉水、巧克力糖果、调味品等，如今，旗下已拥有2000多个品牌。

"药材好，药才好！仲景牌六味地黄丸"，这是大家熟知的一句品牌口令。六味地黄丸，就是仲景宛西制药的"1"，成功打响了仲景品牌，开启了仲景制药的品牌化发展之路。仲景品牌的成功托起了"月月舒""逍遥丸""太子金""左归丸""右归丸""归脾丸"等一系列大单品，成就仲景大健康产业王国（见图5-5）。

图5-5　仲景灵魂产品矩阵

巴奴火锅的毛肚，千味央厨的油条，双汇的火腿肠，三只松鼠的碧根果，阿里巴巴的淘宝，腾讯的QQ，金龙鱼的食用油，都是企业的"1号势能"。

可见，成功的企业一定要聚焦灵魂产品，这是关系企业成功、长久的"1号势能"。树立起"1"是第一要务。

缺乏灵魂产品，没有"1号势能"，不仅是品牌营销的短板，更是企业战略的短板。只有成功打造一款灵魂产品，品牌才能定形，营销才能定势。

● 灵魂产品选择的五星模型

既然灵魂产品要肩负企业发展战略，代表品牌形象，能为企业贡献大部分经营业绩，而且深刻影响着行业发展，那什么样的产品能担此大任呢？福来经过多年实践，总结出企业选择灵魂产品的五星模型（见图5-6）。

图5-6　福来灵魂产品五星模型

1. 战略一致性。

灵魂产品要符合企业战略之根方向，体现企业核心优势。不仅要能打，能创造销量，引领行业，还要能为巩固并加强企业安身立命的事业地盘服务。华为Mate 60手机、三全汤圆、十月稻田东北大米、安井鱼丸、奇正消痛贴膏等，不仅是企业业绩报表的主角，更奠定和巩固了企业的战略之根。

2. 品牌灵魂力。

灵魂产品要符合消费集体意识和民心所向，与品牌灵魂保持一致，抓住主流需求，创造主流价值，才能成就大品牌。例如，飞天茅台是"国酒茅台"的首席代表，iPhone是苹果"非同凡想"的最佳载体。

3. 品类统治力。

灵魂产品要有当品类老大的潜力和追求。目前，我国有很多领域依然有品类、无品牌（或无全国性领导品牌），依然有很多新品类可以开创，这是战略机遇。

4. 差异竞争力。

灵魂产品要差异化突出、产品力过硬，做到"人无我有、人有我优"。产品没有特点，结果必然同质化，往往陷入恶性竞争泥潭。戴森吹风机，颜值和体验的确属第一。新西兰佳沛阳光金果，色泽和口感让人欲罢不能。云南白药创可贴，超越邦迪，只因为"有药好得更快些"。

5. 落地可行性。

既然是灵魂产品，那么就要考量产品原料是否稳定，技术、品控、生产是否成熟，仓储物流能否满足，渠道、终端、团队、推广资源是否协同，等等。如果存在较大硬伤，则不可勉强。这就是为什么小米汽车3年造出了SU7，而乐视、恒大、百度等，长期烧钱却一直难产。

价格之势在利益链分配

● **定价思考三要素：营销模式、品牌价值感、利益链分配**

定价是营销4P组合中十分关键的组成部分。价格既是影响交易成败的重要因素，也是营销组合中最难以确定的因素。

可以说，定价定成败，失价失全局。

战略、成本、客户、品牌、渠道、竞争、模式，都会影响产品定价。我们不想做教科书式的概念拆解和阐述，只想通过市场实践谈谈如何思考定价，以及价格势能激发的关键点。

定价思考三要素包括营销模式选择、品牌价值感、利益链分配（见图5-7）。

图5-7 福来产品定价要素三角形

产品定价是对营销模式选择、品牌价值感、利益链分配三要素的综合考量。

211

第一，营销模式选择影响定价。市场和客户不同，决定了不同的渠道和终端，也决定了不同的打法组合和成本结构。

星巴克的一杯咖啡要30元左右，瑞幸只有18元左右，还附赠各种优惠。瑞幸为什么能做到？因为星巴克80%的营收在堂食，而瑞幸约80%的营收来自线上和到店自提。瑞幸咖啡的高性价比是通过互联网精准会员营销模式实现的。

完美日记的快速崛起靠的是"大牌平替，超值定价"的线上营销模式。一款传统渠道卖300元的口红，成本大概30元，完美日记在线上销售只卖60元。所以能创造创业仅3年，年销售额30多亿元的佳绩。

同样是抗疲劳功能饮料，红牛的主力市场在一、二线高端市场，250毫升的主流零售价在5~6元。东鹏特饮主打三、四线下沉市场，主推大包装500毫升，主流零售定价在5~6元，年销百亿元，是中国功能饮料第一股。主力市场、人群结构和渠道类型决定了产品定价。

第二，品牌价值感影响定价。品牌定位决定产品定价，高端品牌不会卖低价产品，而大众品牌很难推动高价产品。

飞利浦吹风机HP8203的零售价为190元，戴森HD03的零售价为2990元，这种定价就是要突显品牌的高价值，彰显高端品牌势能。

第三，利益链分配影响定价。厂家、渠道、终端三者构成产品利益链，产品从厂家到交易，大家在所有流转环节中都能受益、都能满意，才能形成价格势能。

谈利益链分配一定是在目标人群趋同、竞争不可避免的同一市场，否则没有实际意义。

比如，中国高端手机市场有苹果和华为。苹果作为全球高端手机的老大，不缺消费吸引力。所以，渠道自营比重高，渠道结构窄而短，自己获得更多的利润。

华为则不同，作为高端手机挑战者，虽然也是高端定价，但华为对标苹果，既要保证对消费者的吸引力，又要满足相对长而宽的渠道驱动力，所以定价相对苹果偏低一些。

● 价格之势在利益链中的决胜点

我们说，产品价格的本质是利益分配，是价格之势在利益链分配中的决胜点。决胜点是利益分配的第一驱动点，价格设计要能极大地满足决胜点。

价格决定了有多少利益可以分配，以及如何分配。从产品生产到消费成交，我们需要从所有利益链相关者中找出谁是关键驱动力量和决胜点。找到它，改变它，用超出常规的利益分配刺激它，这才是价格势能产生的关键点。

有些产品的决胜点在企业，在产品本身。产品足够强大，足够创领整个行业，便可以当临绝顶，定一个绝对高价，站在价值顶端，在千仞之山插旗、立势，把利润掌握在自己手里，大力推广并培育消费者。比如比亚迪仰望（见图5-8）、特斯拉Model S、苹果系列手机、戴森吹风机、英伟达CPU、飞天茅台。

图5-8　比亚迪仰望

有些产品的决胜点在渠道。一瓶矿泉水从出厂到终端店面，大概搬动了多少次？大概7~8次。每一次搬运，出库、上车、运输、入库都是成本。所有这些成本最终都是由消费者承担。从厂家到总代、省代、市代、县代等，最后到终端店面，这种利益相关者的交易结构，决定了成本结构，决定了定价。

今天，京东把物流次数降低得无限逼近2~3次。走完所有环节的信息交易、资金交易，最终送到消费者手中时，再一次性地完成物流交易。这样，交易成本会大大降低，消费者省了更多钱，品牌商赚到更多钱。

卖水，决胜点在渠道。在渠道的某一环节，利益分配要刺激决胜点，或者调整渠道交易结构，降低渠道成本，相同的定价产生更强的渠道利益刺激。

有些产品的决胜点在消费者，比如小米手机、老干妈辣酱。

以高性价比定价策略，成功跻身全球手机前5名的小米手机，靠的就是让消费者利益最大化。1000~3000元价格带是小米手机的绝对地盘。老干妈辣椒酱210克瓶装零售价在8元左右，卡住辣椒酱的价盘生死线，"低我者没利润，高我者没市场"。双汇的火腿肠甚至比假冒伪劣的都便宜，以价格利器直接劝退了很多中小企业。

渠道之势在主战渠道

● **主战渠道，成功企业的必由之路**

我们说学习成功者，不要看他成功后，而要看他成功前做对了什么。当我们有这种复盘思维时，才会知其然，知其所以然。

福来发现，每家成功企业的起步阶段在渠道策略上都有一个重要规律：**资源聚焦一个主销渠道，打一场局部战争的胜仗。打出一支铁军，打出一套战术，打出行业影响，打出团队信心。**然后，才有了今天的成功。

这个主销渠道，福来称之为主战渠道，因为要"一战而立"。

异军突起的黄天鹅，短短几年就成为品牌鸡蛋的销冠。2021年到2023年，品牌年复合增长率达到142%，营收增长超6倍，年营收突破18亿元，连续3年位列高品质鸡蛋销量全国第一。

黄天鹅怎么做到的？发力主战渠道。

黄天鹅创立于2018年，紧接着面对的是3年的新冠疫情防控期。新冠让中国消费与供给模式加速转变，互联网电商、新零售、直播爆发式增长。2020年，洞察到线上渠道崛起的大趋势，黄天鹅赶上了新零售和社交平台的浪潮，以线上为主战渠道，在天猫、盒马、叮咚买菜等平台，聚焦资源，重点投入。

主战渠道，不仅是销售平台，更是宣传平台，做到"品宣销一体化"。黄天鹅在创新性的联合渠道进行深度整合营销，双方赋能

215

开展可生食鸡蛋品类教育，完成品牌建设与渠道销售的强有力品效结合。在京东、天猫，黄天鹅迅速成为"双11""6·18"的品类销量第一。在盒马鲜生、叮咚买菜，黄天鹅鸡蛋也成为平台单品销售增长最快、平台销量遥遥领先的蛋品黑马（见图5-9）。

图5-9　黄天鹅鸡蛋

正是电商平台、新零售这一线上主战渠道的成功，影响并带动了线下KA（关键客户）商超、精品超市、社区生鲜的发展，形成了多元化渠道布局；增加了消费者对品牌的熟悉感，提升了购买便利性。这就是主战渠道一战而立的势能威力。

既然是规律，就能穿越时空。老品牌的代表王老吉、六个核桃，新品牌的代表元气森林、小米、花西子，没有一个能跨过主战渠道的铁律。

早期的王老吉凉茶，一战而立的渠道在火锅餐饮；

早期的六个核桃，一战而立的渠道是乡镇大超市，主场景是县乡年节礼盒；

元气森林的快速崛起，不再是主打KA渠道，而是线上做产品测试，线下主攻城市密布的连锁便利店和校园便利店；

小米手机，起步渠道也不是今天的线上线下品牌店、经销商并举，而是仅有一个线上渠道——小米官方商城；

化妆品新国货品牌花西子，一开始则是以直播带货作为主战渠道，一战成名。

● 主战渠道是"宣传队"和"播种机"

主战渠道势能在"宣销一体"。

主战渠道不仅是实现产品销售的"主战场"和"产粮区"，更是产品营销的"宣传队"和"播种机"。

也就是说，以主战渠道为阵地的宣传、体验、造势，比销售本身更重要！主战渠道必须宣销一体化，制造场景氛围、热销势能、培育种子用户。如果能影响并带动更多的人，销售就是水到渠成的事。

主战渠道的关键在于一战而立，因此，打赢是第一位的。

所谓打赢，就是不仅将产品卖到消费者手中，更将价值卖到消费者心里，在行业打出势能和影响力。

农夫山泉主攻城市KA，就是打造了一个宣传阵地，把天然水的健康价值卖到了消费者心里，培育了品牌价值，提升了高端形象。

王老吉主攻火锅餐饮，就是建立消费场景连接，"怕上火，喝王老吉"，价值入心了，销售自然来了。而且餐饮是高频场景，也就意味着高频的销售机会。

中国黄金成功进军黄金零售领域，就是通过自营加招商，在全国城市市场的核心商圈，开设3000多家中国黄金旗舰店，让中国黄金后来居上，一举奠定行业领先地位（见图5-10）。

元气森林主攻城市连锁便利店和高校便利店，抓的是年轻白领和大学生的生活路径。在写字楼与商业区或城市小区的7-11、便利蜂等便利店大面积陈列，配合"0糖0脂0卡"广告，与线上"双微一抖一书"（微博、微信、抖音、小红书）的宣传形成合力，也形成了"渠道爱0糖"之势。

图 5-10　中国黄金旗舰店

● 主战渠道，必上重兵，一战而立

主战渠道必须一战而立，那如何打赢？资源如何分配？

既然是主战渠道，必须上重兵，毕其功于一役。主战渠道不能停留在嘴上，必须落实在资源分配、精力分配和行动上。

孙子说："知战之地，知战之日，则可千里而会战。"只要明确了战略方向，选定了会战的主战场，知道哪一天开始打仗，就必须全力以赴，以压倒性投入拿下战役，从而形成渠道势能。主战渠道势能越强，影响的消费者就越多，对其他渠道的销售带动就越大。这是一个良性循环。

福来服务的仲景香菇酱刚起步开拓市场时，就是选 KA 作为主战渠道，把 KA 卖场打造成一个个品牌宣传和产品体验的阵地（见图 5-11）。

每个 KA 卖场的标配是：1 名促销专员，1 个标准陈列位、1 个试吃台，1 幅"仲景香菇酱，真香真营养"的品牌海报，在周五、

图5-11　仲景香菇酱KA卖场

周六、周日做3天的试吃活动。有条件的卖场要上一块电视屏，循环播放"采蘑菇的小姑娘"的广告片。不断宣传"健康、营养、好吃"的产品价值。

没有奇招，仅有极少的广告投入，资源全部聚焦KA，坚持免费品尝，就靠试吃这个笨方法，把卖场挨个"啃"下来，就培育了一批忠实客户，尤其是有孩子的家庭，复购率在95％以上，良好的效果反馈也让团队越干越有信心。

战术手段应战略化、标准化、规模化、持续化，不断精进，长期坚持。这个试吃活动不仅吃出了销量，吃开了市场，吃出了品牌，吃通了众多渠道，更让仲景香菇酱从河南走向全国，成为中国健康佐餐第一股。

● **互联网重构渠道，渠道更需要主心骨**

在这个"人货场重构""跨时空破界"的移动互联时代，渠道

219

更加分散化、多元化、碎片化，更需要聚焦资源，重点突破，确立主战渠道。

在巨变、快变、多变的新时代，主战渠道是唯一不变的战略选择。但问题是如何选择主战渠道？

一个核心，三大要素，确定主战渠道。

一个核心：要踏准渠道趋势。顺者昌，逆者亡。

产品有生命周期，渠道有兴衰之势。每个时代都有主流渠道，每个主流渠道，都会成就一批品牌和企业。只有切准渠道脉搏，借势而上，才能成就一番事业。让我们共同回顾渠道演化简史：

百货时代，成就了长虹电视、双星球鞋、大宝化妆品等品牌；

专卖店时代，成就了TCL、格力、联想等品牌；

商超时代，成就了康师傅、娃哈哈、红牛、雕牌等品牌；

淘宝天猫电商时代，成就了韩都衣舍、三只松鼠、小熊电器等品牌；

OTO（从线上到线下）时代，成就了小米手机、瑞幸咖啡、黄天鹅鸡蛋等品牌；

小红书时代，成就了完美日记、花西子、认养一头牛等品牌；

抖音时代，成就了高梵鹅绒服、追觅洗地机、茉寻防晒衣等品牌。

三只松鼠的商海起伏就是鲜活的例证。三只松鼠率先抓住淘宝电商崛起的红利，成为互联网第一坚果零食品牌。2019年深交所成功上市，成为零食行业首个年收入过百亿元的公司。但从2020年到2022年，营收规模连续3年下滑，被迫进入转型的阵痛期。虽然三只松鼠创始人章燎原尝试扩张更多品类、规模化布局线下开店，依然无法扭转颓势，再加上疫情影响，可谓雪上加霜，线下店开了又关。

为什么？因为以淘宝为代表的传统电商流量红利逐步消逝，线上收入不断下降，获客成本逐年升高。而面对以抖音为代表的新兴电商，三只松鼠却没有完全跟上。

后疫情时代，消费降级，渠道重构，章燎原经过反思后，2023年开始实施"高端性价比"战略，聚焦抖音渠道，推出19.9元10包的360g夏威夷果量贩装（见图5-12），销量很快突破百万单，几个月该款产品销售额已达上亿元。

图5-12　三只松鼠夏威夷果量贩装

三只松鼠依此打开了抖音渠道的运营思路和空间，通过品类回归、线上渠道回归、性价比价值回归，持续发力，效果明显。2024年度三只松鼠营收突破100亿元，净利润突破4亿元，重回百亿巅峰。

你看，即使是靠互联网起家的三只松鼠，在主战渠道上如果不能踏准渠道趋势，也会遭遇挫折。

三大要素：用户、竞争、自身。主战渠道要以核心用户为出发点，考虑渠道竞争强度，结合自身优势，最终做出选择（见图5-13）。

图5-13　福来主战渠道选择三角形

首先，以核心用户为出发点，就是要深度研究用户爱看什么（触媒习惯），爱去哪里（生活路径），爱干什么（消费场景），爱去哪里买（购买习惯），以此为指导，选择几个较为匹配的备选主战渠道。

其次，从这几个备选的主战渠道里看竞争对手有哪些，他们都做过什么，效果如何，实力如何，从竞争强度上评判哪个渠道更易胜出。

最后，再结合自身的能力、资源、人脉，做出最后的选择，就能确定主战渠道了。当然，主战渠道确定后，可以做一些试探性的投入和动作，看看效果，以坚定后期的大规模投入。

主营东北大米的十月稻田，从线下批发市场起家，电商时代来临后，率先把主战渠道锁定京东，投入重兵，一战而立，成为京东平台大米老大，再布局全电商平台。直播时代，率先把主战渠道锁定抖音，继续投入重兵，再次一战而立，成为抖音电商大米老大，再布局全直播平台。2023年10月，十月稻田登陆香港交易所主板，成为港股厨房主食食品第一股。可见，十月稻田深谙主战渠道原理，抓住大势，制造胜势，最终成就大事。

草原酸奶开创者兰格格，人财物资源有限，在伊利、蒙牛等众多乳业巨头的阴影下，在线下渠道和传统电商平台很难取得竞争优势。结合用户消费习惯、竞争强度、自身资源条件，兰格格另辟蹊径，聚焦资源，在抖音直播投入重兵，打造主战渠道。3年奋战，一举突围，赢得众多"大V"和"网红"的青睐，更在"6·18"购物节中取得低温酸奶销量第一的骄人战绩（见图5-14）。

图5-14　兰格格产品

可以说，主战渠道是决定企业命运的战略抉择，对中小企业和创业企业而言更是如此。

宣传之势在激光穿透

● 宣传："宣"要有仪式感，"传"要有分享性

首先要普及一个概念，4P组合中的"Promotion"，中文翻译最多的是促销和推广。**但福来认为，放在中国文化语境里，中国式的"Promotion"用"Publicize"这个单词并翻译成宣传更准确，更有中国特色，也更有操作上的科学性和指导性。**

宣传活动在人类文明发展史中源远流长。西晋史学家陈寿所著《三国志·蜀书·彭羕传》中称，"先主亦以为奇，数令羕宣传军事，指授诸将，奉使称意"，可见中国东汉末年已将"宣""传"两字合用。

"宣传"一词开始广泛运用，是在18世纪下半叶美国独立战争和法国资产阶级革命时期。中国在戊戌变法（1898年）和辛亥革命（1911年）时期，"宣传"一词已广为人知。

中华人民共和国的建立靠的是"两杆子"：枪杆子和笔杆子。笔杆子就是宣传。宣传工作是中国共产党最厉害的革命武器之一。

从土地革命战争时期"打土豪，分田地""不拿群众一针一线"的标语，到抗战胜利初"和平、民主、团结"的口号，再到"打倒蒋介石，解放全中国"的解放宣言，宣传一直是我党革命斗争中"得民心者得天下"的法宝。

宣传是中国从革命实践中总结出的"中国式传播"词汇。所

224

以，从中央到地方，各级党委都设有宣传部。为什么不叫推广部、传播部？这是中国特色。更重要的是，福来认为"宣传"一词更具科学性和实操性。

宣传不是一个动作，而是两个动作。一个是宣，一个是传。先宣后传，宣要有仪式感，传要有分享性。

宣要有仪式感，是指宣这一动作不要随意，要做到"五有"：**有主题、有氛围、有人物、有动作、有话语。**

仪式感的宣，是为了产生更多更好的"料"，为了后面分享性的传，体现其正式、隆重。大到国家级重大活动如北京奥运会、全国"两会"的开幕式，小到生活仪式如生日会等。商业活动中，苹果、小米、华为的新品上市发布会等，无不体现这一点。

传要有分享性，是指传这一动作要有自传播性，能传起来。归纳起来，分享性要做到"五好"：好玩、好看、好说、好用、好处。无论是一场发布会、一次广告投放还是一场品牌节庆活动等，都要有生产可分享的"料"的思维。可能是一张场景美图、一句宣传金句、一次明星出场，也可能是一则新鲜事件、一种令人尖叫的产品功能、一次难得的让利活动。

● 宣传的第一法则：激光穿透

太阳光的能量远远大于激光，但太阳光分散而温和，强度不高，普照大地，人人皆可享用。激光则不同，能量着力于一点，产生高强度的穿透力，完全能切割坚硬的钢板和钻石，被称为"最快的刀""最亮的光"（见图5-15）。**企业宣传要像激光一样，高聚焦，超强度，一击必穿！**

任正非先生曾用坦克和钉子的比喻说明华为的"压强原则"：坦克重达几十吨，却可以在沙漠中行驶，原因是宽阔的履带分散了

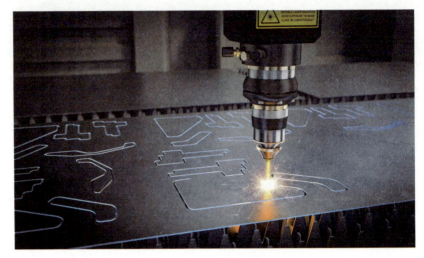

图 5-15　激光切割机

加在单位面积上的重量；钉子质量虽小，却可以穿透硬物，是因为它将冲击力集中在小小的尖上，二者的差别就在于后者的压强更大。这和激光穿透法则，异曲同工。

广告大师约翰·沃纳梅克曾说过："我知道我的广告费有一半是浪费的，但我不知道浪费的是哪一半。"这堪称营销界的"哥德巴赫猜想"，在注意力高度分散、媒体去中心化、信息碎片化的新时代，这种矛盾更加突出。

每个组织的传播推广资源都是有限的，如何让有限的资源发挥出最大势能呢？

孙子说："无所不备，则无所不寡。"《战争论》作者克劳塞维茨总结会战原则："集中兵力于一点。"

1946 年，毛泽东发出重要指示："集中优势兵力，各个歼灭敌人"，并强调"实行这种方法，就会胜利。违背这种方法，就会失败"①。

---

① 毛泽东：《毛泽东选集（第 4 卷）》，人民出版社，2008 年，第 1197 至 1199 页。

可见，古今中外的军事大家对于用兵的原则非常一致：不能面面俱到，要集中兵力于一点，实现重点突破。

在宣传上，企业普遍存在的问题是"招太多、缺狠招"，处处都花钱，处处点到为止。而真正的武林高手不是十八般武艺，样样精通，而是有一招绝学，成就声名。

因此，福来通过长期的市场实践，坚定地认为：**宣传必须激光穿透！四面出击，平均用力，结果往往是不疼不痒，不温不火！只有激光穿透，才能针尖捅破天，以有限的资源取得最大的传播效能。这是宣传的第一法则。**

● 激光穿透的精髓：聚焦、聚焦、再聚焦，重复、重复、再重复

抢占消费心智，首先应该考虑的是"一招制敌术"。李小龙说，不怕会练一万种腿法的人，就怕一种腿法练一万遍的人。集中优势资源，着力于一点，坚持重复，就会取得惊人的效果，这就是激光穿透式宣传推广。其精髓在于内容、时空、方式（见图5-16）。

图5-16 福来激光穿透理念模型

第一，宣传内容上要激光穿透。宣传内容少就是多、多就是少。要像激光一样，围绕品牌灵魂，只输出一个核心价值点，通过

227

重复，把核心价值点印刻在受众心中。

第二，宣传时空上要激光穿透。空间上比较好理解，力出一孔，水可切钢。同样的资源投入一座城市、一个媒体，和作用于全国市场、多个媒体，效果肯定是天差地别，所以要相对聚焦。随着互联网技术的发展，媒体地域更精准化、人群更精准化、时段更精准化，这都利于激光穿透式的宣传打法。

时间上，激光穿透有两种形式，一种是"短期高频"，另一种是"水滴石穿，长期不断"。根据艾宾浩斯遗忘曲线规律，1小时到2天是最佳重复记忆时间；超过2天，遗忘率高达72%。短期高频次重复触达，可高效建立大脑神经元连接，产生稳固记忆，其势在"强"。另外是"长期不断，水滴石穿"，单次力量虽小，但只要目标专一，持之以恒，就一定能把艰难的事情办成。其势在"久"。

第三，宣传方式上要激光穿透。宣传推广的组合上，不能贪多求全，做到集中力量办大事；一种方式的使用上，不能花样繁多，做到单一手段规模化。

波司登从2018年开始导入"聚焦中高端羽绒服"新战略，加强了品牌宣传力度，采取了激光穿透打法。内容上聚焦"畅销全球72国""专注羽绒服45年"；时间上聚焦冬季，"为了寒风中的你"强势出击；空间上聚焦北上广等核心城市；宣传方式上聚焦"分众电梯广告"。坚持下来后，波司登实现了5年持续增长，重回行业之巅。

福来服务的中国黄金集团是黄金行业的"国家队"，从前端勘探、冶炼的资源型企业，延伸到后端的零售市场，其战略转型本身就是新闻看点。基于此，我们发起了新闻营销激光穿透宣传战。通过专家论坛、产品上市发布会、城市招商会等活动，整合行业专家和意见领袖，并在北京、上海、广州、武汉、郑州等数十个大城市进行宣传。通过新闻营销的激光穿透式传播，三年间成功培育和引领全国黄金零售市场，完成全国黄金零售网络的布局（见图5-17）。

图5-17　中国黄金新闻营销

● 激光穿透的要点：饱和式投入、持续性宣传、规模化复制

要点一：饱和式投入，要抢先，要打赢。

消费者心智容易先入为主，也就是说，率先抢占具有战略意义。一旦品牌灵魂确定，一定要快速建立先发优势，这个战略窗口期一般不会超过一年，不然很容易被竞争对手抢占。因此，在窗口期要有压倒性的饱和式投入，形成短期、高频、强力刷屏式的激光穿透，占领消费者心智市场。

饱和式投入是一个相对概念。要结合自身实力、竞争对手、目标市场的情况，打赢"攻心战"。饱和式投入的目的是"打赢"，没有打全国的实力，那就打一个城市；没有打三个媒体的实力，那就打一个媒体，总之要率先建立或抢占消费心智。

就像每日坚果品类开创者沃隆，自己栽了树，别人乘了凉。因为没有及时抢占消费心智，被后来者洽洽小黄袋抢了先机。洽洽一轮饱和式宣传投入后，成为每日坚果品类的最大受益者。沃隆再想追，时间、成本都不赶趟了。

要点二：持续性沟通，不能停，不能断。

消费者是非常健忘的，长期两地分居，就给了"第三者"机会。长期重复刺激，才能加深、巩固记忆，形成条件反射，不然品牌就会被消费者淡忘，给竞争对手留下机会。我们可以看到，成熟品牌在完成心智抢占后，往往不再做大规模的集中投入，但每年都会有一定的广告、公关、促销活动，以维持品牌记忆，巩固心智占位。

这就是强如可口可乐这样的百年品牌，宣传沟通也从来不间断的原因。

长期坚持，水滴石穿。持续性宣传是长期占据消费心智的关键。当然，更高效的打法是"阶段性饱和式投入＋长期性不断式宣传"。

要点三：规模化复制，积小胜为大胜。

消费者的心智模式多数是趋同的，一种行之有效的心智抢占方式复制到其他地方，一定时期内也是有效的。规模化的复制将形成规模化的穿透效应。积小胜为大胜，一个个局部点上的胜利，汇聚成战略面上的大胜。

飞鹤奶粉就通过大规模、持续性的线下社群活动，以"少做主观评价，多做客观演示"的理念，采用现场盲测对比方式，从"看、闻、溶、选"四个评测角度，展现飞鹤比进口奶粉更新鲜、更安全的品质优势（见图5-18）。

图 5-18　飞鹤奶粉社群活动

2015年飞鹤举办了2万场线下活动，2016年举办了7万场，2017年举办了20万场，2018年举办了40万场，让一批又一批消费者自己说服自己，成为飞鹤"星飞帆"的死忠粉，形成规模化的激光穿透效应，带动飞鹤乳业全线产品销售，开创本土奶粉品牌绝地反击、逆势飞扬的新局面。

● **大会营销：一场大会，激光穿透，成就一个品牌**

大会营销是指将推广资源聚焦在大会上，进行激光穿透式宣传。大会类型包括品牌发布会、产业大会、城市推介会、行业展会等。

一种大会营销模式，**解决品牌传播、产业整合、产销对接三大品牌建设核心问题**（见图5-19）。

图 5-19　福来大会营销模型

一场大会营销，持之以恒，激光穿透，可以成就一张国家（城市）名片或企业名片。

大家熟知的"博鳌亚洲论坛"，经过20多年激光穿透，推动中国融入亚洲和世界经济，为亚洲和世界的发展凝聚正能量，成功打造国家名片。

世界互联网大会乌镇峰会，10年风行，成为世界互联网思想分享、科技成果交流与合作的平台，也把江南水乡乌镇成功推向海内外，成为世界名镇（见图5-20）。

图5-20　世界互联网大会乌镇峰会

其他国际名片如达沃斯论坛、拉斯维加斯电子展、汉诺威工业展、上海进博会、"一带一路"国际合作高峰论坛等。

中国草原酸奶大会是福来为兰格格乳业"草原酸奶战略"策划并创办的产业盛会。大会站在行业、国家和世界的高度，共话草原酸奶的当下与未来、科技与消费，制造大声势、创造大影响，打造中国草原酸奶领域的"达沃斯论坛"。目前，中国草原酸奶大会已成功举办六届，不仅大大提升了草原酸奶的品类价值和影响力，更夯实了兰格格作为草原酸奶引领者的行业地位（见图5-21）。

图5-21　中国草原酸奶大会

大会营销，激光穿透，对地方政府打造区域特色产业品牌，一样有用、好用。

世界茉莉花大会是福来在原有的中国茉莉花文化节和全国茉莉花交易博览会基础上，提档升级，为广西横州市策划的世界级高规格产业大会，横州市举全市之力，激光穿透式重点打造。

2019年8月31日，首届世界茉莉花大会在广西横州盛大开幕，来自全国及法国、荷兰、日本、以色列、俄罗斯、马来西亚等国际友人、茶商、文化艺人等千余人云集花乡。国际花园中心协会现场授予横州"世界茉莉花都"称号，正式开启横州茉莉花标准化、品牌化、国际化的高质量发展之路（见图5-22）。

如今，通过世界茉莉花大会的持续举办和产业资源积累，横州进一步丰富并拓展了茉莉花"1+9"产业链、价值链，招商引资成果丰硕，形成全球茉莉花产业集群，推动"横州茉莉花"成为世

图 5-22　世界茉莉花大会

界级特色产业品牌，为产业兴旺、农文旅融合、产城乡融合高位赋能，更为横州赢得"世界茉莉花都"这一享誉世界的城市名片，并牢牢掌握世界茉莉花行业话语权。

　　大会营销必须激光穿透，长期坚持，久久为功。随着年轮的积累，必然形成综合性、指数级、高质量的磅礴势能。

营销节气是攻势

● **营销节气的本质是年轮积累、降本增效**

二十四节气是中国古代订立的指导农事活动的补充历法和智慧结晶，指导人们的生产、生活，循环反复，绵延不息。

福来创导的营销节气，是指把企业年度关键营销动作节气化，指导企业到什么时间干什么事，主动出击，重复积累，形成攻势。

将营销节气化目的是让企业的经营、管理循环往复，不断积累，不断精进，从而降低经营成本，提高管理效益，沉淀品牌资产。

营销节气不在多，而在精。不是所有营销动作都能纳入企业的营销节气。营销节气必须是对战略之根、品牌灵魂、灵魂产品产生长期投资价值的营销行动。

营销节气的关键是固定动作、固定时间，打造品牌生物钟。一旦品牌生物钟形成，对外，让消费者产生期盼，到了时间点会主动关注，从而降低企业的宣传成本；对内，让企业每个人都知道在什么时间该准备做什么事，上下同欲，凝心聚力，提高沟通效率，减少无效动作，从而降低企业的经营成本。

天猫和京东是营销节气实践的集大成者。天猫从"双11"开始，把一个品牌自创的消费节日硬是做成了全民购物狂欢节，把营销节气做到了极致（见图5-23）。

235

图5-23 天猫"双11"活动

现在，天猫每年有多个主题购物节，比如母婴节、年货节、跑步节、表白节、家装节、汽车节、出游节、火锅节、春夏风尚节、秋冬滋补节等。其中，能纳入天猫营销节气的有六项：

天猫38女王节：满足网购主力"女王们"的剁手式消费。

天猫"6·18"购物节：京东发起，天猫和各平台共享的年中大节。

天猫99划算节：天猫提供数百亿元补贴，是"双11"前规模最大的活动。

天猫"双11"购物节：天猫发起，全民关注，是每年最大、影响全球的购物狂欢节。

天猫"双12"购物节：京东发起，接力"双11"，也是天猫年底业绩冲刺大活动。

天猫年货节：春节前天猫发起的节日，将买年货场景搬到了线上。

营销节气不是电商平台的专利，每家企业都需要建立自己的营销节气。

福来客户仲景宛西制药在营销实践中策划实施并沉淀了"一节三分四季"的仲景营销节气。

一节：张仲景医药文化节。政府主导，企业主演，每年9月20日到10月10日举行，已经连续举办十五届，成为仲景制药的"品牌道场"。来自国内外的众多中医药大家和嘉宾将汇聚南阳，并前往医圣祠，参加医圣祭拜大典（见图5-24）。

图5-24　张仲景医药文化节

三分："仲景三分钟讲透经典"活动。2020年仲景启动经典名方推广项目，旨在还原经方价值，释放经方活力，提升经方的科普认知，造福社会大众。3年累计覆盖全国22个省，举行了3467场，有35万多名药店店员和5万多名消费者参与。

四季：四季仲景健康节。每年的春、夏、秋、冬四季，仲景与全国各地的连锁药店合作，组织有针对性的养生活动，是以节会形式，融文化体验、科普互动、健康服务、会议活动、产品展示于一

237

体，由品牌、客户、用户多环节参与的中医药文化推广活动。旨在传扬张仲景医药文化，扩大仲景医药品牌影响，让仲景中医药福惠大众健康。活动期间场场爆满，是养生达人与传统中医药文化的双向奔赴。

营销节气不在一日之功，而是要长期坚持，水滴石穿，从而实现厚积薄发、降本增效的营销目的。

● 品牌节日，最重要的营销节气

品牌节日是品牌最重要或最具代表性的营销节气，在固定的日期举办，循环往复，沉淀品牌资产，形成品牌生物钟，让消费者产生期待，让品牌的传播推广成本更低，经济效益更高。

品牌节日是一个品牌自创的与消费者约定时间的"购物狂欢节"，是一个每年重复、宣销一体的重磅年度品牌节庆活动。就像"双11""6·18"等，已经变成全民购物狂欢节。似乎互联网品牌都喜欢"造节"，但"青岛啤酒"造节开始得更早。

1991年，第一届青岛国际啤酒节开幕，目前已经成功举办了30多届。

很多外国人都是先知道青岛啤酒，再知道青岛的。青岛国际啤酒节是亚洲最大的啤酒节，与德国慕尼黑啤酒节、捷克啤酒节、日本札幌啤酒节同为全球四大啤酒节。

每年都有超200万人次的游客云集青岛国际啤酒城，举杯畅饮，享受着国际化的休闲娱乐体验。激情游乐、饕餮美食、饮酒大赛、时装表演等活动精彩纷呈，人流如潮（见图5-25）。

青岛国际啤酒节的成功打造，不仅展现了青岛啤酒国际化的鲜活形象，而且成为外国人了解中国形象的一面镜子，既打响了青岛啤酒品牌的全球知名度，又展现了青岛城市品牌的全球影响力。

图 5-25　青岛国际啤酒节

盱眙国际龙虾节也是区域特色产业品牌节日营销的典范。

从 2000 年开始，为推动小龙虾产业发展，培育小龙虾餐饮市场，提升品牌影响力，盱眙县委、县政府决定创办"小龙虾主题文化节"，已坚持了 20 多年，规格和层次越来越高，成为小龙虾打卡地。盱眙县委县政府还主动出击，不仅带领龙虾节走进北上广，还远赴欧美澳，越来越有国际范儿。

通过 20 多年坚持举办盱眙国际龙虾节，小龙虾从无人问津的乡村特产，一跃成为大中城市的宵夜之王。从路边摊小吃，成为城市中产阶层的时尚生活方式之一，也让盱眙全县 20 多万人通过龙虾养殖、贩运、烹饪等，走上了脱贫致富的道路。一业兴促进了百业旺。通过品牌节日营销，盱眙龙虾产业拉动盱眙旅游经济强劲增长，实现了从年游客量不足 30 万人到 600 万人的飞跃，推动盱眙成为名副其实的"中国龙虾之都"（见图 5-26）。

当然，知名度更高的当属小米品牌的"小米米粉节"。

始于 2012 年的小米米粉节，不仅是小米新品的发布会和预售

239

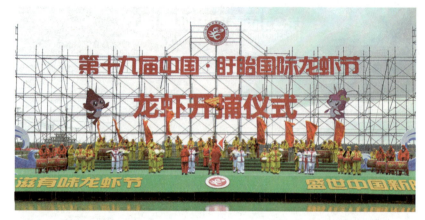

图 5-26　盱眙国际龙虾节

会，也是小米粉丝的交流会和狂欢会，更是小米品牌最大的免费宣传会。小米的节"宣"，发动了以雷军、媒体、"粉丝"、"网红"等社会各界力量的"传"。12 年坚持，创造了最短时间跻身世界 500 强企业的商业传奇。

茅台有"全球茅粉嘉年华"，慕思有"慕思世界睡眠日"，蓝月亮有"蓝月亮节"，抖音商城有"好物年货节"，西贝有"西贝亲嘴节"……品牌节日已经成为打造有温度、有深度、有黏度的消费品牌的关键营销动作（见图 5-27）。

图 5-27　小米米粉节、慕思世界睡眠日、
蓝月亮节、抖音商城好物年货节标识

事实上，中国是全球最注重节日的国度，在历史长河中沉淀形成的春节、清明节、端午节、国庆节、中秋节等，也是国家的

品牌节日。

尤其值得一提的是，为了提升中国品牌影响力，讲好中国品牌故事，经国务院批准，自2017年起，每年5月10日为"中国品牌日"。这是国家创办的面向全球关于中国品牌的品牌节日。

● 营销节气是基本面和基本功

《孙子兵法》说："凡战者，以正合，以奇胜。"意思是，在战争中，先以正规的战术和充足的兵力与敌人抗衡，这是"以正合"；然后在此基础上寻找机会，运用出其不意的战术来击败敌人，这是"以奇胜"。

只追求"奇胜"，是对《孙子兵法》的最大误解，也是众多企业的问题所在。在营销上，总在追寻"奇谋巧技""以小博大""贪巧求速""弯道超车"。这其实是舍本逐末，本末倒置。

如果把"正"比作根基，那么"奇"就是枝叶。可以说，没有"正"就没有"奇"。"奇"是在"正"的支撑上，才能称为"奇"。

一家企业的成功，一定是几个关键营销动作的长期坚持和不断重复。这是积累出来的，而不是"求新求变求奇"。如果就是今天出一招，明天换一招，我们将永远形成不了"正合"之势。

无正合之势，则无奇胜之机。"正合"，才是企业制胜的根基。无法形成"正合"之势的营销动作，都是废动作，从长期效益看，除了增加成本和浪费资源，别无他用。所以，不要随便出招，随便变招。

出招一定是对战略之根、品牌灵魂、灵魂产品的长期投资，而不是短期效益。聚焦企业自己的营销节气，减少营销废动作，通过不断精进，保证每一次都做得比上次好，这样长期坚持，不断积累，终将形成水滴石穿之势能。

这才是基本面和基本功。

根媒体工程是守势

● 根媒体是价值被严重低估的免费媒体

根媒体是价值被严重低估的免费媒体。正因为免费，很多人都忽视了其价值，或者想起来一点做一点，没有规划性和系统性，没有看到根媒体的经济价值、立体效应和长期效益。好像只有花钱打广告，才是宣传，才有价值，这既是一个误区，更是缺乏成本意识和根媒体观念的体现。

● 根媒体是第一宣传阵地

根媒体作为企业内部媒体，是统一思想、统一形象、统一话语的绝佳宣传载体。

根媒体工程的战略价值在于，**它是企业战略定向、品牌定形、营销定势的内部宣传，是企业内部统一思想、上下同欲、思想定心的最佳手段，是企业营销势能的气场，是企业第一宣传阵地，是先"宣"后"传"的策源地，更是对品牌资产的长期积累和投资。**

对内，上下同欲者胜。企业的战略、品牌、管理，不能只装在董事长一个人心里，而是需要上至高管团队，下至一线员工，上下同欲，目标一致，行动统一，才能打胜仗。除了会议填鸭式宣贯，无处不在的根媒体在视觉上反复刺激、反复加深，必不可少。

对外，战以力久，以气胜。根媒体工程就是品牌的气场，打造品牌的第一宣传阵地。根媒体宣传立体化、气势足，内部员工的信心就足，信心足就能打胜仗。根媒体是对内部的"宣"，让自己人去"传"。是对外部接触点的"宣"，再让外部人去"传"，这样，根媒体的势能就会形成"雪球效应"，越来越大。因此，根媒体就是品牌宣传的策源地。

譬如，当你夜里开车，不经意间看到前方大厦上发光的华为logo，你就会潜移默化地感受到华为的科技实力、品牌形象和企业气场（见图5-28）。

图5-28　华为大厦

● 根媒体工程的五大运用体系

明白了根媒体的战略价值后，就要充分用好企业自己的根媒体，打造根媒体工程。福来咨询通过实践总结，把根媒体工程分成五大运用体系（见图5-29）。

图 5-29　福来根媒体工程五大运用体系

1.产品根媒体。

产品是品牌信息的第一载体。早在 10 多年前，福来就提出"包装即媒体"的观念，把包装设计当成媒体宣传。要用媒体宣传的理念，做好关键信息在产品标签、产品外包装、产品物流箱的设计呈现。

品牌是积累出来的。产品从生产到流通，从终端到选购，从货架到家中，会产生多次品牌图腾、产品价值、包装形象的信息传递，这些都是企业最重要的品牌资产。

产品每一次被关注、被传递、被消费，都是品牌资产的积累。仲景食品的灵魂产品香菇酱每年卖出 5000 多万瓶，这相当于 5000 多万张广告走进了万千超市、千万家庭。仲景香菇酱小小的产品包装上印有大大的品牌图腾、地理标志原料、品牌口令、使用场景渲染等，信息满满，就是一张感染力极强的宣传单（见图 5-30）。

椰树牌椰汁的包装是把产品根媒体用到极致的代表。很多消费者和专业设计师对其包装设计的评价是"丑爆""辣眼睛""毫无审美"。但不可否认，历经 30 多年，椰树生硬的包装设计被成功地印

图5-30　仲景香菇酱包装

在了消费者大脑里（见图5-31）。当然，如果按照福来"美学式表达"的设计方针升级，那就更完美了。

图5-31　椰树椰汁

　　产品根媒体对区域公用品牌的打造至关重要。因为区域公用品牌是政府打造的，为企业赋能，广告宣传的成本太高，地方政府往往难以承受。但是通过授权企业的产品包装去传播，就能形成千万次免费的品牌宣传。

　　福来服务的区域公用品牌横州茉莉花，除横州本地茶企，像统一的茶里王、康师傅茉莉花茶、奈雪的茶、瑞幸的茉莉咖啡等品牌，都在包装上标注了"横州茉莉花"，这样每年都有亿万次的免费宣传，产生茶饮界的"英特尔效应"（见图5-32）。

245

图5-32 横州茉莉花的"英特尔效应"

2. 终端根媒体。

终端是企业最具实效性的根媒体，是销售成交的前沿阵地。特别是对于连锁经营业态的企业，每家门店都是一个极好的宣传阵地。

品牌连锁店往往更注重形象。实际上，门店作为终端根媒体，除了品牌形象，应该传递更多有实效的信息。可以通过分解消费过程，洞察消费者在发现、了解、成交、复购等过程中能够立刻改进的一系列小问题，然后通过创意解决这些小问题，为终端大幅度提升成交转化。

20年前，王老吉的海报贴遍了中国的小城市、小卖店，成就了超越可口可乐的神话；劲酒的牙签桶摆满了中国的小餐饮店，成就了中国保健酒的"男一号"。在城乡的商业街区，我们总能看到OPPO、vivo醒目的终端店招和形象海报，这些终端根媒体势能，成就了OPPO、vivo中国智能手机的领先地位（见图5-33）。

蒙牛乳业非常善用终端根媒体，早在多年前，就曾委托福来为其实施"常温液态奶终端品牌形象

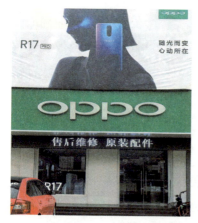

图5-33 OPPO店招

整合和提升"系统工程，旨在实现高空传播和终端品牌落地整合、协同互动，把系列超级事件营销中的巨大品牌能量最大化释放到直接的销售力上来。福来为蒙牛白奶、酸酸乳奶、早餐奶、儿童奶和特仑苏等系列产品，规划、创意和设计了系列根媒体运用规范和示例，并形成《蒙牛乳业常温液态奶终端视觉识别标准化手册》，系统打造蒙牛的超级根媒体工程和品牌终端（见图5-34）。

图5-34 《蒙牛乳业常温液态奶终端视觉识别标准化手册》及示例

当然，一切终端资源商业化的今天，实体终端都变成了收费的媒体，但这依然是性价比最高的媒体。

好消息是，目前线上的销售终端，包括电商平台官方旗舰店的终端、直播平台的展示终端依然是免费的，完全可以发起**"线上终端装修行动"**，首图、视频、产品名称、包装展示、详情页等，都有很大的发挥空间。如兰格格天边的额吉0蔗糖草原酸奶产品详情页，就进行了"精心装修"，市场反馈很好（见图5-35）。

图5-35 天边的额吉0蔗糖详情页

线上终端，既可以展示品牌Logo、品牌图腾、品牌IP、品牌话语，还可以对产品价值、产品包装、消费场景、促销信息等促进成交的销售要素进行宣传。

3. 官方根媒体。

官方根媒体指企业或政府自己的官方自媒体，如官方微博、官方微信、抖音号、视频号、官网等。对于地方政府，融媒体中心是重要的官方根媒体窗口。

企业官方根媒体由于媒体碎片化、信息粉尘化，关注的人往往并不多，流量也不太大，但基本是利益相关者、媒体和忠实粉丝关注，他们是高质量的精准受众。因此，企业官方根媒体是企业动态、品牌、产品、公关、重大事件信息的策源地。

企业官方根媒体重在积累和发动。发动"宣"的功能，让企业员工、外部媒体、合作伙伴、忠实粉丝帮着"传"。

在打造区域公用品牌时，政府根媒体宣传造势是不可或缺的。要充分利用融媒体中心立体新闻宣传矩阵的优势，在内容上、形式上聚焦区域品牌。图文式媒体也好，视频式媒体也好，挂角标、拉横幅等，有固定传播区域公用品牌宣传版位，长期坚持，持续积累，必然水滴石穿。

福来在为河南汝阳县打造"汝阳花菇""汝阳水果红薯"区域公用品牌时，就充分利用了官方融媒体中心平台，在"今日汝阳"等官方微信公众号的标题下开辟固定广告位，循环播放"汝阳花菇""汝阳水果红薯"品牌形象广告，成为品牌宣传的重要窗口（见图5-36）。

汝阳融媒、抖音、微博、视频号、学习强国等全媒宣传矩阵受众覆盖50余万粉丝。更重要的是，政府根媒体的宣传可以广泛动员区域内外干部群众的多次传播，并激发自豪感、参与感和荣誉感，汇

全省观摩培训会在汝阳召开

汝阳县融媒体中心　今日汝阳　2024-06-16 16:45

河南　🎧4人听过

6月15日，河南优势特色农业产业科技支撑行动计划优质食用菌专项"高海拔山区香菇夏季出菇标准化管理技术集成与示范"观摩培训会在我县召开。副县长张根生，我省食用菌产业、优势特色农业体系内的专家，香菇生产企业和香菇种植户代表

羡慕！在汝阳这个村，家门口就能赚钱！你村里有吗？

原创　汝阳县融媒体中心　今日汝阳

2024-06-17 10:44　河南　🎧5人听过

近年来，陶营镇上坡村持续改善农村人居环境、优化公共服务，以"体育运动、农事体验、温泉康养"为定位，充分挖掘本地资源，因地制宜运营乡村，大力发展乡村旅游，全力打造"大虎岭体

图5-36　汝阳花菇、水果红薯根媒体运用

聚品牌宣传的力量，这才是根媒体看不见的更大的正意义和软价值。

4. 实体根媒体。

实体根媒体就是大家经常见到也用到的办公楼、大型设施、车辆等资源，严格说是企业VI（视觉识别系统）应用的范畴。

用好企业或产业实体根媒体，不只是常规VI的应用，更重要的是创意性开发，开发更有冲击力和表达力的标志性根媒体，如品牌地标。

亚马逊在其总部斥资40亿美元打造了3个巨型玻璃球热带雨林办公室，将世界上最大的热带雨林亚马逊从南美洲搬到北美洲的西雅图，命名为"生态球"，将品牌之名、城市之美和产业之梦融为一体，叹为观止，成为亚马逊的品牌地标和西雅图的城市地标（见图5-37）。

图 5-37　亚马逊生态球

"飞天茅台"大酒瓶就是一个产品地标典范。在贵州仁怀国酒门东侧的山头上，矗立着一瓶巨型茅台酒建筑地标。该地标按标准"飞天茅台"酒瓶（含飘带、瓶盖、图腾）放大 200 倍设计，高 31.2 米，直径 10.2 米，体积 1469 立方米，瓶内有螺旋楼梯可登高望远，被誉为"天下第一瓶"。其视觉冲击力强大，已成为"酱酒之都"的图腾（见图 5-38）。

图 5-38　飞天茅台大地标

"阿凡提"大巴扎塑像是一个品牌 IP 地标典范。为了推广"阿凡提"新疆美食品牌，我们的客户在乌鲁木齐大巴扎核心区的楼顶处，开发了巨型阿凡提IP立体塑像，趴在楼顶，和小毛驴一起跟大家打招呼，神气活现，犹如美国动画大片一般，让人惊艳。方圆几公里，开车、步行都能看见，现在已经成为大巴扎的新地标（见图5-39）。

图5-39　阿凡提大巴扎塑像

福来为兰格格设计的品牌图腾"草原酸奶第一罐"，巍然耸立在工厂园区的核心位置，挺拔、壮美、自带气场，远远就能看到，不仅成为企业品牌宣传重器和工业旅游打卡地，圈粉无数，更成为"中国草原酸奶之都"乌兰察布的重要工业旅游景点和地标。

政府打造的区域公用品牌的实体根媒体还包括城市窗口和产业窗口。

城市窗口包括机场、高铁站、知名景区、城市广场、公园、公交站、主街路灯、宣传栏等。

产业窗口包括产业园区、种养基地、特色小镇、科研中心、电商中心、物流中心、车辆、服装等。

横州茉莉花品牌就是一个充分利用产业窗口和城市窗口的典范。

横州市充分用足辖区内政府、产业、城市资源，在产业小镇大门、种植基地、景区、高速路大牌、会场物料、公交站牌、主街道路灯上。投放横州茉莉花的品牌广告，建造横州茉莉仙子品牌地标。甚至在电梯间、建筑围挡、文化长廊、市民文明公约宣传牌上都有区域公用品牌"横字标"。在横州市大街小巷，满眼尽是横字标和茉莉仙子图腾，算是把根媒体"吃干榨尽"（见图5-40）。

图5-40　横州茉莉花根媒体

5. 人物根媒体。

企业员工，尤其是企业家，是企业重要的品牌宣传载体。企业之外、结构之内的一切利益相关者，包括经销商、供应商、零售商、投资商、媒体、消费者等，都是企业可以整合的人物根媒体。

互联网和人工智能新时代，人物根媒体的价值更易体现。他们的言行、衣着、故事、情绪，都是媒体素材。

比如，特斯拉的马斯克，小米的雷军，华为的任正非，胖东来的于东来，都是典型的明星企业家，拥有数量庞大的粉丝群体。每个公开言论，每次视频直播，每次媒体报道，都是人物根媒体的宣传。某种意义上，明星企业家就是企业代言人、品牌大IP。

员工也一样，我们看到美团、京东、顺丰等的外卖小哥和快递小哥，他们穿着品牌工服，驾驶印有品牌Logo的摩托车、三轮车、小货车等，穿梭于大街小巷，他们的服装和车辆就是一个个移动广告，逐渐形成强大的人物根媒体势能（见图5-41）。

图 5-41　外卖小哥和快递小哥

而且，很多美团的外卖小哥都有自己的抖音号。他们经常发布的"为了及时送达"所付出的玩命努力，遭遇的困苦艰辛，遇到的奇人异事，晒出的跑单成绩，都是对美团的宣传，是更加生动化的品牌宣传和沟通。

短视频和直播时代："品效销"一体化之道

如今，营销已进入短视频和直播时代，DTC（直面用户）成为营销标配，而且越来越卷。新时代，新营销，同时也带来了三个新问题：**市场乱价，产品乱上，品牌乱象。**

为了追求销量，售价越来越低，导致市场价格混乱。同一个产品，产品全渠道运营，每个渠道都要上一个SKU（品规和包装），产品越上越多，出现产品混乱。同一款产品，不同的渠道，不同的商品详情页，不同的产品价值和视觉形象输出，造成品牌乱象。

这三大乱象是品牌只追求销售增长而带来的副作用。这种副作用短期可能被一时的增长掩盖，但长期看一定会透支利润、品牌和企业的可持续发展。

短视频和直播时代，企业如何入局且避免三大乱象，做到可持续、良性发展？实践证明，要做到：**一个主战平台，"品效销"一体化，然后激光穿透**（见图5-42）。

"种树"：声量
关键动作：内容投流、网红"种树"等
关键指标：EV、CPM

品 品牌宣传

效、销助品 用户口碑内容

品、销助效 品牌灵感内容

主战平台

销 销售转化

效 效果营销

极致产品内容

收获：销量
关键动作：达人播、品牌店播、大型促销等
关键指标：GMV、ROI

品、效助销

"种草"：流量
关键动作：短视频和图文"种草"、精准引流等
关键指标：CVR转化率、CAC获客成本

图5-42　福来"品效销"一体化飞轮模型

以下为三大要点。

聚焦主战平台

主战平台很好理解，生态平台众多，企业资源有限，那就选其一进行激光穿透。如淘宝、抖音、快手、微信、小红书、B站、拼多多等，企业可先选一个平台作为"品效销"一体化的主战平台。聚焦人财物和精力，不要分散，不要贪多，打出成熟模式和经验，再向其他平台复制。

目前，从平台生态的成熟度、平台竞争与发展的势头看，抖音平台将是现在与未来"品效销"一体化最佳的主战平台之一。

福来服务的仲景食品，就是聚焦抖音平台，店播主导，激光穿透。仲景食品自己培养了一个10多人的主播队伍，通过短视频内容营销、全时段抖音直播、灵活广告投流、阶段性大促达人播的营销方式，形成了一套"品效销"一体化的、可持续的抖音打法。2023年，公司通过抖音等平台，聚焦仲景香菇酱、仲景上海葱油两大灵魂食品，实现销售额1.89亿元，同比增长99.78%（见图5-43）。

图5-43　仲景食品上海葱油

● 跑通"品效销"，形成闭环

"品"（品牌宣传）：重点在于塑造品牌形象、建立品牌认知和强化品牌信任。这通常通过依托大流量平台、高质量IP和品牌化内容来实现。要重在品牌的曝光、传播的声量、认知的提升，如品牌内容投流、网红"种树"（品牌灵魂和图腾输出）等方式。

"品"的工作是让消费者"入眼入心"，要"种草"，更要"种树"。先聚焦灵魂产品，在消费心智中，种下我是谁（品牌名称、品类）、长什么样（标识、IP）、有何不同（价值、口令、支撑点、图腾、包装）等品牌资产。关键衡量指标是EV（曝光量）和CPM（千人成本）。

"效"（效果营销）：通过各种精准营销，引发深度交互，是转化的重要指标。根据大数据和算法锁定目标人群后，进行更精准、有节奏的产品引流、宣推和二次触达，如短视频和图文"种草"、精准引流等。

"效"的工作是让消费者起心动念，是精准"种草"。要输出能打动消费者的产品价值点、差异点、消费场景和购买理由。关键衡量指标是CVR（转化率）和CAC（获客成本）。

"销"（销售转化）：直接指向销售转化，即通过高效的营销活动促使购买行为发生。通过极致性价比、限时优惠、主播福利、平台大促等，促成下单这一动作的完成，实现交易转化。

"销"的工作是让消费者即刻入手，是临门一脚的收获。成功转化后，企业应进入私域运营，做好消费者资产沉淀，维护消费者关系，促进分享和推荐，积累长期消费者资产。关键衡量指标是GMV（商品交易总额）和ROI（投入产出比）。

"品效销"不是割裂的，而需要一体化地思考、测算和运营。"品效销"一体化的目标，是实现品牌资产和销售转化的最大化，以及经营效率与成长速度的提升。跑通"品效销"，形成正向经营闭环，产生"品效销"三者相互促进、相互助力的飞轮效应。

"品""销"助"效"："品"的品牌灵魂内容与"销"后消费者口碑内容，助力"效"的效果提升；

"品""效"助"销"："品"的品牌灵魂内容和品牌影响力与"效"的极致产品内容，助力"销"的销售转化；

"效""销"助"品"："效"的极致产品内容和"销"后消费者口碑内容，助力"品"的灵魂内容巩固和影响力提升。

"品效销"一体化的本质是融合品牌塑造、内容输出、粉丝经营、营销转化和数据管理，是更深度的品牌经营模式。通过"品效销"一体化运营，全链路、全场景、全要素地精准吸引、互动、转化、留存，实现业务的持续增长。

波司登聚焦抖音平台，"品效销"一体化玩出王者段位。在抖音电商超级品牌日期间，波司登推广新品，在直播间开启一系列营销玩法：进行品牌新品发布秀直播，开启"冰雪直播间"户外直播模式等。同时，还吸引了众多知名抖音达人，身着波司登舒适户外系列羽绒服，赴波司登上海体验店"极光邂逅冰雪屋"打卡，诠释舒适户外新时尚。波司登官方账号发布了易烊千玺、谷爱凌等代言人的视频，为波司登的品效合一加码影响力。内容场上，众多达人打卡"极光邂逅冰雪屋"，创作短视频"种草"优质内容。快速打造了"品效销"合一爆发的营销生态，直接驱动生意增长（见图5-44）。

图5-44　波司登抖音超品日

● **认知和模式的改变**

短视频和直播时代，最重要的是认知和模式的改变。时空被打破，媒体即渠道，所见即所得。品牌崛起、销售增长、爆品打造的速率大幅提升。传播运营模式中，品牌、产品、推广、销售的职能划分樊篱不再。内容创作、用户运营、价值共创成为经营关键词，"达播""店播""种树""种草""投流"成为运营关键动作。

用无形的内容，串联起有形的资源。从经营产品到经营用户，从广告宣传到内容共创，从交易转化到交个朋友，只有转变观念和模式，才能做到"品效销"一体化，才能实现从交易关系到经营关系的沉淀。

同时，"品效销"一体化也意味着资源与组织的重组。大部分企业都是以部门职能来划分组织架构的，一般会设有品牌管理团队、电商运营团队、销售管理团队，各司其职。但当我们面对巨量引擎这样的超级平台时，这种组织形态就显得笨拙又低效。所以，**要做好抖音这样的超级流量池，更有效的干法是单独成立一个事业部来对接巨量引擎，将"品效销"的预算资源整合起来，用一体化的组织应对生态化的媒体。**

十月稻田，抓住了互联网电商的高速发展红利，发力京东主战平台，完全按互联网思维和打法，布局供应链和营销链组织，跳脱金龙鱼、福临门等中外粮油巨头的竞争，成为互联网"粮界黑马"。

短视频和直播时代，十月稻田再次升级，借力抖音、微信、小红书等社交平台，配套营销组织升级，创作短视频、老板直播、达人播和店播带货、打造创始人IP等内容。用内容引流，积蓄品牌势能，促进终端转化，实现线上线下一体化、"品效销"一体化。

第六章

思想定心：
胜负之决，只在
此心动与不动

根
战略之根
魂
品牌灵魂

　　王阳明在江西取得重大军事胜利后，被学生问及用兵有什么技巧？王阳明回答：哪里有什么技巧，只是努力做学问，养的此心不动。如果非要说有技巧，就是三个字——不动心。

　　胜负之决，只在此心动与不动。一切是思想，思想是一切！思想定心就是一张蓝图，心志坚定，不纠结、不妄动、不折腾、不内耗！上下同欲、内外同心、知行合一。谋定而后动，则无往而不胜。

第六章

图6-1　根与魂经营罗盘

《大学》讲："知止而后有定，定而后能静，静而后能安，安而后能虑，虑而后能得。"要先"知止"，知道判断大势，知道能力边界和事业边界，知道做什么、不做什么，先做什么、后做什么，找到自己的根与魂。而后"有定"，围绕根与魂进行战略定向、品牌定形、营销定势，构建企业经营蓝图。

但是，如何将经营蓝图一步步变成基业长青的事业版图？关键是"静安虑得"，即心静不妄动，随遇而安，虑事周详，最终得其所求。一言以蔽之，就是企业家要思想定心。

战略定向、品牌定形、营销定势、思想定心，福来咨询称为新时代的"经营四定"。围绕根与魂，上定向、下定心，左定形、右定势，不纠结、不妄动、不折腾、不内耗，谋定而后动，则无往而不胜。

263

心不定，80%的企业患有"四太病"

成功各有机缘，失败多为自作。因为急功近利，总想一步登天，最后事与愿违。福来基于20多年的咨询经验，总结了中国企业最容易犯的"四太病"：想法太多，摊子太大，步子太快，杠杆太高。

● 病症一：想法太多，迷失自我

科学家牛顿说："**我能算出恒星的运动，但算不出人类的疯狂。**"做企业最怕胡思乱想，痴心妄想。

汇源是中国果汁界的国民品牌，"纯果汁"是其根与魂，本应该保持定力，围绕"纯果汁"聚焦资源，做好关键配套，持续强化安身立命的事业地盘。然而，汇源不断打造各种新品类、新产品，还在全国大举布局产业园、康养、文旅、会展等产业，与其主业相去甚远，资源没有聚到根，且占用了大量资金，后期都成了企业的"大包袱"。

随着可口可乐收购合作失败，汇源的业绩持续走低，债务危机爆发，曾经的果业巨头从港交所退市。背离了根与魂，汇源最终尝到了苦果。

正如《道德经》所言："少则得，多则惑。"企业想法太多，往往做不强、长不大。成功的企业，不是想到了别人想不到的，而是做到了别人做不到的。

10年前，《中国企业家》杂志曾在封面以《汇源回魂记》为题做了专题报道（见图6-2）。这真是一个理性而坦诚的呼唤：汇源，回来吧，回归你的根与魂。

多就是少，少就是多。

图6-2 《中国企业家》封面报道

● 病症二：摊子太大，容易拖垮

术业有专攻，隔行如隔山。企业经营最怕摊子太大、太宽、太散，导致根基不稳、地动山摇。中国大多数企业不是被饿死的，而是被撑死的。

春兰电器曾经是空调行业的霸主，市场占有率一度高达40%，让当时的格力、美的都望尘莫及。为了求新求大，春兰走上了多元化的扩张之路，进入房地产、摩托车、卡车、新能源、IT、金融投资等领域，大量资金用在了非主营业务上，导致公司不但副业没有做起来，还拖垮了空调主业，沦为中国家电行业的典型负面教材。

碧桂园创始人杨国强说："做的'多'不是了不起，做一成一才是了不起"。现在，变大变强已经从杨国强的话语体系中消失。他经常在内部讲，不要太注重做的数量，而要追求成的结果，做成比做多重要。这是一个美好的开始。

大就是小，小就是大。

病症三：步子太快，根基不稳

企业就像在大海中航行的轮船，企业家作为总舵手，要时时把握轮船航行的节奏。既要果断穿行，更要不疾不徐。

恒大地产曾以大手笔同时进入饮用水、粮油和乳制品市场，期望复制其在地产领域的成功。然而，步子太大，节奏太快，最终以大溃败收场。2014年恒大集团如日中天之时，笔者就公开发表过一篇文章《恒大多元化，许家印的硬气与硬伤》，对此进行质疑和批判，不幸言中。

乐视，从乐视网起家，之后推出乐视超级电视、乐视体育、乐视影业、乐视手机、乐视汽车等7项多元化业务。主业根基不稳，却拿投资者的钱快速疯狂扩张，最终拖垮了乐视。

康美药业，曾经的中医药白马股，市值一度达到1400亿元。由于信奉全产业链控制，大干快上，在全国各地投资建立50多家药材种植基地和中药材交易市场，投资和托管了数十家医院，收购投资10家医疗器械经营企业。收购老公司、开办新公司，导致财务窟窿过大，行为变形。最终，其创始人因操纵证券市场、财务造假等罪名锒铛入狱。好在广药集团入主后，康美药业开始聚焦中医药主业，优化内部管理，持续推进"瘦身健体"战略，对非主营业务实施"关、停、转"，正逐渐走出低谷，但其教训依然深刻。

快就是慢，慢就是快，欲速则不达。

病症四：杠杆太高，急功近利

金融杠杆是企业解决发展资金、扩大经营规模的战略手段。可是，债务是刚性的、绝对的，而企业经营是波动的、不确定的。当绝对的债务过度运用于不确定的经营时，会导致杠杆太高，企业可能"辛辛苦苦几十年，一夜回到解放前"。

海航集团从1000万元起家，到总资产逾万亿元，年收入逾6000亿元，登上《财富》世界500强榜单，用了24年成为商业传奇。然其由盛而衰，仅用了2年时间。正应了"黄炎培定律"："其兴也勃焉，其亡也忽焉。"

海航集团采取的是"融资—并购—再抵押融资"的高杠杆发展模式，大举进军金融、旅游、地产、酒店、互联网、商业等领域。

"常在河边走，哪有不湿鞋？"2017年银监会出台的贷款政策，导致海航集团的现金流枯竭。2018年海航集团负债高达7500多亿元，资产负债率70.55%。再加上新冠疫情影响，海航集团于2021年宣布破产重整，获得高杠杆的恶果。

可能是幡然醒悟，海航集团对后来的收购者表示，要确保重整后的海航集团能够聚焦航空主业，这也算是回到有根有魂的经营正道。

曾经，王健林在演讲中说过这样一句话："什么清华北大，不如胆子大。"

今天，中国经济已经进入高质量发展的时代，"成功是失败之母"，过去的那一套已经不好使了，**如果只有胆子，没有根，可能就变成了"胆子越大，窟窿越大"**。

巴菲特有句名言："在发现自己掉进坑里的时候，最重要的事情就是停止挖掘。"这需要极大的勇气和魄力。

黑格尔说："人类从历史中吸取的唯一教训，就是人类不会从历史中吸取教训。"企业家对于"四太病"，要时刻保持高度警惕，善于克服人性的弱点，勇于走出"四太病"的囹圄。

道不远人，定心根与魂不动摇

晚清名臣胡林翼说过："世自乱而我心自治，斯为正道。"**越是在动荡与混乱的时代，我们越应该找到自己内心确定的东西。在不确定的商业世界，做确定的事。**

当今世界，疫情冲击，战争影响，技术变革，民粹主义兴起，贸易保护主义盛行，大国关系紧张，国际格局重构。看国内，居民存款连续创新高，消费降级，产能过剩，市场内卷，增长降速，新旧动能转换，经济波浪式发展。面对不确定，面对百年未有之大变局，我们要保持定力，坚持正道、正念、正能量。正如晚清大儒罗泽南所说："乱极时站得定，才是有用之学。"

新时代经营的王道是做有根有魂的事。能基业长青的企业，都是坚守根与魂，专心致志，不为诱惑所动。福来认为，企业"四太病"，根源是无根无魂，发端在于心，也就是认识论，对于经营本质、战略定向、品牌定型、营销定势**认知不了、判断不了、执行不了、坚持不了**。总结起来就是**"四个不了情"**。道不远人，知易行难。

《道德经》有云：**"上士闻道，勤而行之；中士闻道，若存若亡；下士闻道，大笑之。"**这里的"道"，就是根与魂。这里的"士"，就是企业家。人和人最大的差距在于认知。企业家的认知是企业发展的"天花板"。如果认识不到根与魂的重要性，就会不认可。不认可，就像下士，一笑而过。

官渡之战是中国历史上著名的以少胜多的经典战役之一，也是决定袁绍阵营生死存亡的关键一战。由于袁绍对天下大势、双方优劣势判断不明，加上袁绍多谋少决、为人多疑的性格，对沮授、田丰等谋士的建议判断不好，一再丧失良机，导致官渡战败。袁绍自此一蹶不振，忧郁病死。

企业家既要能认知，还要敢决策。企业家的一项重要任务就是做决策，犹豫不定、迟疑不决是企业家的大忌，就像"中士闻道，若存若亡"。马斯克说，**最有风险的事情，就是对未来不采取任何行动**。行动才是执行的真谛！

纵观诸葛亮的一生，最悲情的当数街亭之战。为了早日实现统一大业，诸葛亮亲率十万大军出祁山，任命参军马谡镇守战略要地街亭。临行前，诸葛亮再三嘱咐：街亭虽小，关系重大。同时制订计划，周密安排，用心良苦。但是，马谡到达街亭后，完全不按诸葛亮的指令行动。结果我们都知道了，诸葛亮挥泪斩马谡，第一次北伐宣告失败。这说明，没有执行力，再好的计划都是零。

企业家更要能坚持。坚持是商业的天机，是经营的真谛。正如"上士闻道，勤而行之"。**作为企业家，难在坚持、贵在坚持、成在坚持！**

宁夏红枸杞酒传承千年枸杞养生文化，有根有魂。但做着做着"跑"偏了，推出"宁夏红传杞"枸杞干红。即便斥巨资请著名演员代言，也一直红不起来，最终拖累公司，被迫转让。劲牌，坚守保健酒战略不动摇，成为中国保健酒的百亿元老大，后续推出第二增长曲线"毛铺苦荞酒"，目前销售额已过50亿元。有根有魂，一路强劲（见图6-3）。

图6-3　中国劲酒、毛铺苦荞酒

　　"困了，累了，喝红牛"，这是一句非常成功的品牌口令，成就了红牛功能饮料帝国，后来红牛因感觉该口令不够高雅而放弃使用。随后，聪明的东鹏特饮顺接抢占，以农村包围城市之势，悄然跨过百亿元大关。

　　所以，福来很坚定地说：仲景食品的品牌图腾《采蘑菇的小菇娘》可以用100年；"宁夏枸杞，贵在道地"的品牌口令可以用1000年。

　　乔布斯说过：**"成功的企业家与失败的企业家，有一半的差距纯粹都在坚持上。"**玻璃大王曹德旺30余年坚持只做汽车玻璃，佳沛几十年如一日只做新西兰奇异果，而且还只做鲜果，这才是真正的定心啊。

　　老子说："夫物芸芸，各复归其根。"企业经营有根有魂，才能厚积薄发。有根有魂，才能无惧风雨、行稳致远。有根有魂，才能真正走出困惑企业家的"四大病"和"四个不了情"。**草根企业家，更需要定心根与魂，向下扎到根，向上捅破天，从草根经济跃**

升到树根经济，实现基业长青。

大文豪托尔斯泰在《安娜·卡列尼娜》中这样写道："幸福的家庭都是相似的，不幸的家庭各有各的不幸。"

经营何尝不是如此？成功的企业都是有根有魂的，出问题的企业各有各的不幸。

一切是思想，思想是一切

毛泽东说："没有正确的思想，就没有正确的行动。"

拿破仑说："世上只有两种力量——利剑和思想，从长而论，利剑总败在思想手下。"

叔本华说："世界上最大的监狱是人的思维意识。"

● 不看工厂，只看董事长

我们经常会遇到这样的情形，客户到福来沟通后很激动，马上盛情邀请我们去企业考察。基于福来经营理念**"现在的客户最重要"**，我们提出了"不看工厂，只看董事长"的咨询观，这也成为福来的口头禅。

从业20多年，国内外的工厂考察过太多了，基本差不多，关键是看董事长想干什么，董事长是怎么想的、怎么干的，千万不要被壮观的工厂、看似优秀的企业文化和美丽的解说给迷惑了。**董事长的志向、信仰、胸怀、认知力、判断力、决策力等这些软实力，其重要性胜过工厂、设备等硬件条件。**

不看工厂，看董事长。那么，看董事长什么呢？福来认为，主要看"三观"：**市场观、价值观、人才观**。作为企业领导者，一定要三观正。三观不正，能力和号召力越强，负面效应越大。

市场观就是一切要以市场为中心。这听起来像是一句废话，但现实中还是有很多企业不以市场为中心，而以资源为中心，以生产为中心，以政府为中心，以自我感觉为中心。表现在重上游，轻下游；重硬件，轻软件；重产业，轻产品；重资本，轻技术；重数量，轻质量。福来认为，作为董事长，一定要找市场，一定要做一个懂市场的董事长。

德鲁克说："企业唯一的目标就是创造消费者。"**董事长的时间和精力在哪里，战略就在哪里，成果就在哪里**。董事长要有市场意识，把主要精力放到市场上，以服务好客户为宗旨。否则，不以市场为中心，一切优势都不能转化为胜势。

价值观是企业最深的护城河。价值观是企业经营的起点，体现了董事长对价值取向、价值尺度和价值准则的选择与坚守。乔布斯倡导的"活着就要改变世界"，星巴克创始人霍华德·舒尔茨强调的"文化高于战略"，稻盛和夫布道的"敬天爱人"，曹德旺信仰的"心若菩提"，于东来宣扬的"爱与自由"，都是企业家价值观的体现。正和岛创始人、中国企业家俱乐部创始人刘东华的著作《意义》，探讨了成功与财富的原点与终点，其本质还是认知和价值观的问题。

笔者早年曾供职于步步高集团，深受创始人段永平先生的影响，其核心价值观有三条："财聚人散、财散人聚""本分、平常心""要做就做最好"。这也是他成功孵化出步步高系（步步高电器、OPPO、vivo、拼多多），成为一代企业教父的底层逻辑。不过，现在的拼多多在商业上虽然很成功，但其也备受争议。也许拼多多已经到了修正价值观和调整商业发展逻辑的时候了。

笔者常对企业家讲，**"正念正道正能量""做强比做大更重要""不一定要大，但一定要伟大"**，这是福来咨询的价值观。

娃哈哈创始人宗庆后为什么赢得了尊重和怀念，因为他"凝聚小家、发展大家、报效国家"的价值观念。他曾经这样说："娃哈哈是我在这个世界上存在过的证明，娃哈哈是我的整个人生所有的梦，一切的意义、价值、标签和符号。"

战略品牌营销是一把手工程，是董事长最重要的职责。什么可为，什么不可为？方向不对，努力白费。如何做出正确的决断？标准和尺度就是价值观。正确的价值观会推动企业健康发展；不正确的价值观则会让一个巨无霸、风光无限的企业，一夜之间分崩离析。

企业价值观没有标准答案。最本质的一点是要"致良知"，坚持正道、正念、正能量，不走歪门邪道，贪巧求速，揠苗助长。

人才观是企业成败的关键。经营最大的变量是人。资质平庸的刘邦为什么能打败强大的项羽？很重要的一点就是刘邦强大的用人驭人之术。虽然文不如萧何，武不如韩信，谋不如张良，却能将之整合到麾下，这就是一个优秀领导者的魅力。

曾子说过："**用师者王，用友者霸，用徒者亡。**"这就是在讲领导者的用人之道。但人性往往是用徒，让自己感到快乐；用友，让自己受到约束；用师，却让自己感到压抑。今天，喜欢"用徒"的领导者远远多于"用师"者。皇帝的新装，放在今天就是领导者的新装。你永远叫不醒一个装睡的人。

任正非说，华为什么都能缺，但是人才不能缺。华为什么都不争，人才不能不争。曾经，任正非看中了一个研究数学的俄罗斯小伙，由于小伙嫌中国离家乡太远，说什么也不来。于是华为在莫斯科建立了一座华为研究所。正是这位数学家潜心研究几年，把2G到3G的算法突破了，此后华为一举反超了爱立信，大规模占领了欧洲市场，并为华为后来的4G、5G全球领跑奠定了基础。

不看工厂硬件，只看董事长"三观"。同时，企业家要定期"照镜子，正三观"，**因为人性的弱点就是贪婪、侥幸、虚荣。**

古希腊哲学家赫拉克利特说，人不能两次踏进同一条河流。2024年"3·15"晚会上，听花酒涉嫌违反《中华人民共和国广告法》虚假宣传被曝光。从极草到听花酒，青海春天公司连续两次被"打假"，这是严重的路径依赖，无根无魂，侥幸作祟。青海春天，真该进行灵魂反思了。

每一家伟大企业的背后都有一位伟大的企业家。企业家是当今中国最稀缺的战略性资源之一。经济学家张维迎说："企业家是经济增长的国王。"福来认为，**企业家是"1"，其他的都是"0"。只有把企业这个"1"牢牢立住了，后面加的"0"才有意义和价值。"1"塌了，加1万个"0"还是"0"。**这是"不看工厂，只看董事长"的根本意义。

● 咨询，先从思想咨询开始

曾国藩说："**天有定理，人有定心，人定则心定，心定则事成。**"毛泽东将马克思主义与中国实践相结合，创建了毛泽东思想，指导中国革命，从小到大，由弱到强，取得政权，建设了新中国。中国共产党的胜利，首先是思想的胜利。

据说乔布斯生前桌子上放的唯一一本商业书是克里斯坦森的《创新者的窘境》（见图6-4）。这本书的核心思想为：越是成功的企业，越容易被成功所束缚。乔布斯的一生，正是一次次突破思想局限，打破传统规则，重建

图6-4 《创新者的窘境》

行业格局的一生。

笔者在公司提出要"三省三性"，就是要发现和克服人性的"三性"：**惯性、惰性、局限性**。

"不识庐山真面目，只缘身在此山中。"咨询最大的价值就是外部思维，用福来的话就是：**跳出行业看行业、跳出企业看企业、跳出产品看产品**。在此基础上，给出真正客观且有价值的洞察和判断。也就是说，先从源头上发现问题，然后再去解决问题。

王阳明说："**破山中贼易，破心中贼难。**"每家企业、每位企业经营者都有"三性"：惯性、惰性、局限性。这是最大的阻碍。所以，企业请"外脑"做咨询，首先往往不是具体项目的咨询，而是思想和心理的咨询。笔者从事咨询行业20多年，这种感受越来越深。

99%的人都是自以为是的，尤其是已经有所成就的人。所以，海尔集团创始人张瑞敏倡导并践行的"自以为非"理念实属难得。

电影《教父》里有句经典台词：一秒钟就看透事物本质的人，和花一辈子都看不清事物本质的人，注定是截然不同的命运。

什么是经营的本质？战略有根，品牌有魂。

看看公司营业执照，几乎所有公司都是"有限公司"，这是一个绝妙的隐喻：任何公司都是认知有限、能力有限、资源有限、精力有限的，如果什么都想干，可能什么都干不好。大就是小，小就是大；多就是少，少就是多；快就是慢，慢就是快。大道至简，有舍才有得，这是最朴素的经营哲学，也是战略认知的首要问题，是经营企业必须扣好的"第一粒纽扣"。

柏拉图在《理想国》中描绘"囚徒困境"，其实困住囚犯的从来不是山洞，而是囚犯脑海中那道无形的囚笼。

马克斯·韦伯的《新教伦理与资本主义精神》，为资本主义世界的商业正当性和终极意义打开了天窗，更为西方企业的崛起奠定了重要的思想基础，其意义相当于西方企业界的文艺复兴。熊彼特对经济创新的定义，德鲁克对创新与企业家精神的推崇则进一步推动了西方管理思想的创新和实践，以及企业家精神和企业家社会的形成，这些是推动经济社会进步和发展的思想源泉。

《黄帝内经》提出："**上工治未病，不治已病。**"对优秀的咨询顾问而言有点异曲同工，既要解决看得见的市场问题，更要解决看不见的思想问题。所以，福来一直倡导中医式咨询，首先要在思想源头上解决认知问题。

一切是思想，思想是一切！福来开创了咨询先从思想咨询开始，并将思想纳入"经营四定"，用思想贯穿咨询全过程的咨询方式。这是咨询领域的"福来特色"。思想是认知源头，是经营起点，用思想打破心智屏障，重建心智模式，助力建功立业。

中国经济已全面步入高质量发展的新时代，祝愿越来越多的中国企业家能以极大的战略勇气和定力自我革命，改变认知，从野蛮生长到有根有魂，从"摸着石头过河"到"经营四定"指引，拥抱新时代，开创新未来。

是谓深根固柢，长生久视之道。

● 要因果导向，不要结果导向

许多经营者最喜欢说的一句话就是：不要找借口，请给我结果。他们甚至把这句话奉为管理的真谛。

结果思维没有错，但人们往往忽略了结果的背后是因果。

爱默生说："原因与结果、方法与结局、种子与果实都是不可分割的，这是因为原因预示了结果，方法注定了结局，种子孕育了果实。"

一个人一心想要心爱的小葫芦长大，认为叶子上的蚜虫与葫芦毫无关联，后来蚜虫越来越多，葫芦也变黄了，他的愿望最终还是落空。有果必有因，有因才有果。企业经营要坚持因果导向，不要结果导向。

任正非曾斥资40亿元，连续10年向IBM虔诚拜师学艺，建设内控体系，遭到华为不少内部员工的抵触，但任正非要求一切听咨询顾问的！引进要先僵化、后优化，再固化，不服从、不听话、要小聪明的，开除出项目组，降职、降薪处理。花这么大代价请"外脑"已经是破天荒，还不容置疑100%坚决执行，这在全世界也不多见，所以华为成功了。

华为将"请师就要信师""用师者王"演绎得淋漓尽致，最终实现"王者归来"。

福来在客户服务上坚持**"给客户需要的，而不是客户想要的"**，其本质是要"以市场为导向、对客户负责"，当然，前提是要相互信任。从这个意义上说，华为绝对是"世界好客户"。

在实体商超普遍日子艰难的当下，来自三、四线城市许昌的胖东来却一骑绝尘，成为全行业的学习样板，连永辉超市、步步高超市都虚心拜师求助，还进一步"破圈"成为全国"网红"打卡地，带动当地文旅业发展，形成"胖东来现象"。凭什么？一是因为战略有根：胖东来立足超市行业，立足许昌、新乡，不盲目扩张。二是因为品牌有魂：胖东来坚持"爱、自由与幸福"，把客人当亲人，把员工当家人，用极致的产品和服务，成就极致的体验和口碑，顺便实现了超预期的经营业绩。这就是因果（见图6-5）。

从成败观到是非观，从结果观到因果观，我们要相信常识，回归本质；相信种瓜得瓜、种豆得豆；相信好人赚钱的时代来了，相信利他是最大的利己。只有拥有正念、正道、正能量，才能不走弯路、错路、回头路。

图6-5　胖东来超市理念墙

"爱出者爱返，福往者福来"，这是福来的核心经营哲学。意思是用爱对待别人，别人也会回之以爱；把福报送给别人，自己也会收获福报。这是对因果导向的唯美诠释。

● 要长期主义，不要机会主义

人无远虑，必有近忧。机会主义只能得到暂时性胜利，长期主义才能赢得持续性胜利。宋志平曾成功带领中国建材和国药集团两家公司成为世界500强，其40年经营心法是"四个主义"：**专业主义、务实主义、长期主义、人本主义。**

福来认为，"四个主义"的本质是价值创造。做有根有魂的事，为经营立根基，让品牌入人心，做到"经营四定"，坚持长期主义，才能持续、更好地创造价值。

长期主义，不仅是一种方法论，更是一种价值观。流水不争先，争的是滔滔不绝。越是变乱交织，越需要长期主义。

阿里云的胜出，靠的就是长期主义。2012年，百度认为云计算前途无望，于是解散了云计算团队，后来这个团队的关键成员集体加入阿里巴巴。今天的云计算领域，阿里云排名亚洲第一，世界第三。

马云讲过一句话：阿里巴巴今天做的所有决策，都是为了七八年以后的战略布局。这是长期主义结出的丰硕之果，阿里云是最好的例证。

为什么曾经被认为是"最难喝的饮料"——东方树叶（见图6-6），当今成为无糖茶饮头部品牌，一年卖出100亿元？行业人士都知道，东方树叶既不是中国的无糖茶饮领域第一个入局者，也不是开拓者，但能持续性地进行战略投入，默默坚持10年的可能只有东方树叶。10年坚守熬出了头，苦尽甘来，成为王者。网上曾有人这样评价钟睒睒："钟老板站在未来，等了消费者10年。"精辟！

图6-6　东方树叶产品群

心连心十二年如一日，坚持长期主义，深耕"高效肥"，实现高质量发展，从跟随者到引领者，从中原王到全国样板，成为中国最受尊重的化肥企业，入选中国制造业民营企业500强。

贝佐斯曾问过巴菲特：你的投资理念非常简单，为什么大家不直接复制你的做法？巴菲特就回答了一句：因为没有人愿意慢慢地变富。

长期主义的道路上并不拥挤，因为坚持长期主义的人并不多。但有一点越来越清晰：赚慢钱的时代来了！

思想定心，关键在于"三贯"

《格言联璧》里有一段话颇为经典："大其心，容天下之物；虚其心，受天下之善；平其心，论天下之事；潜其心，观天下之理；定其心，应天下之变。"

定心，方能应变局、开新局。

福来认为，思想定心，关键在于"三贯"：**围绕根与魂，思想上贯通，行为上贯彻，时间上一以贯之**（见图6-7）。

图6-7　福来思想定心"三贯"

● 思想上贯通，这是前提

古希腊哲学家普罗泰戈拉说："**人是万物的尺度。**"不同的人对同一事物有不同的看法和理解，人又是最大的变量，在执行上可能会千差万别。怎么办？

1978年，《实践是检验真理的唯一标准》一文在全国广大干部群众中引起强烈反响，引发了关于真理标准问题的大讨论。通过大讨论，实现了党和国家历史性伟大转折时期的思想统一，为开启中国改革开放的伟大历史进程奠定了重要的思想基础。

巴菲特几十年坚持每年给股东写一封信，其实是在向股东传达和统一他的价值投资观。任正非通过《华为的冬天》《华为的红旗到底能打多久》《北国之春》《我的父亲母亲》《一江春水向东流》等内部讲话和公开信，在不同的历史阶段和发展关头，就危机观、忧患意识、公司治理、战略定力、胜利信念等重大问题进行反思、定调与强化，实现上下同欲、思想统一，走出一个个至暗时刻。

思想定心，首先要在思想上贯通，这是前提。通过思想贯通，不焦虑、不犹豫、不折腾、不内耗，实现团队从小我到大我，最终到勇往直前的无我。

1. 思想贯通：内外同心，上下同欲。

思想是一切执行的源动力，决定一个人的行为和行动。阻碍企业进步的墙，往往就在企业家和团队的头脑里。

任何一家企业都不是孤立存在的，而是身处一张网络里，其中有客户、供应商、合作方、投资方等。这张网络被克里斯坦森在《创新者的窘境》中称为企业的价值网。

思想贯通不仅是企业内部的事，更要由内而外，内外双通。因此，思想贯通要坚持"内外同心，上下同欲"原则。

不换思想就换人。必须用新思维武装每个人的头脑，用全局思维打通每个环节，通过思想贯通保证全员"一盘棋"。切忌"台上九级大风，台下纹丝不动"。

2. 宣讲是最有效的思想贯通手段。

只要思想不滑坡，办法总比困难多。如何统一思想？宣讲是最有效的贯通手段，也是最有效的学习方法。

毛泽东在《论持久战》中说："如此伟大的民族革命战争，没有普遍和深入的政治动员，是不能胜利的。"[①]

在中国共产党伟大的百余年奋斗历程中，宣传工作一直是一项具有战略意义的工作，也是党的传家宝。革命根据地时期的"星星之火、可以燎原"，土地革命时期的"打土豪，分田地"，延安大生产时期的"自己动手，丰衣足食"，改革开放时期的"时间就是金钱，效率就是生命"的宣传动员，都影响深远。

为什么毛泽东率领秋收起义部队初到湘赣边界时，凡是住上几天的地方，都要召开群众大会进行宣传？"三湾改编"将党支部建到连上，其重要意义就是进一步提高了思想的统一性和宣讲的效率。

为什么重要会议召开后，中央宣讲团从中央到地方层层宣讲？就是为了思想上贯通，一张蓝图绘到底。

船的力量在帆上，人的力量在心上。上下同心，其利断金。做好思想上贯通，心朝一处想，劲才会往一处使。

思想贯通，首先是认识论上的统一，保证做正确的事。在客户服务上，福来会对根与魂理论、"经营四定"罗盘、灵魂产品、激光穿透等进行系统培训，保障全员专业知识统一、思想认识贯通，实现沟通效率最大化。在此基础上，再对顶层设计方案进行宣贯。

除此之外，企业内部还要进行从上到下两级宣讲。福来在为云天化集团现代农业项目完成顶层设计方案后，从集团层、公司层到项目层进行了内部三级宣贯。而在服务兰格格时，不仅在企业内部

[①] 毛泽东：《毛泽东选集（第2卷）》，人民出版社，2008年，第480页。

多次宣贯，还在经销商大会、兰图大业战略启动会、草原酸奶大会上，围绕上下游商业伙伴进行宣贯，让利益相关者都吃透草原酸奶战略（见图6-8）。

图6-8　兰格格兰图大业战略启动会

人心齐，泰山移。通过思想贯通，从老板到核心团队到员工，从营销到行政，从内部到外部，知其然，知其所以然，知其所以必然。保证每个人做正确的事，一条心，一家人，一盘棋。这就达到了思想宣贯的目的。

● 行为上贯彻，这是根本

凡事为则成，不为则不成。行动是创造价值的来源，是实现目标的唯一途径。思想上贯通后，就要事上练，看行动力。

西方有句谚语：梦想和现实之间的那段距离叫行动。梦想再美好，不去实现，就只能是幻想。世间的事，只有行动，才能转化为成果。不执行，所有的认知都是精神内耗。

马云说：宁愿要三流的战略加上一流的执行，也不要一流的战略加三流的执行。很显然，执行不到位，一切都白费。

1. 行为贯彻：统一步调，使命必达。

许多人都听过《天鹅、梭子鱼和虾》的故事，讲的是梭子鱼、虾和天鹅在路上发现一辆装着美食的车，于是就想把车从大路上拖下来。3个家伙使出了吃奶的力气，车还是原地不动。倒不是车重得动不了，而是天鹅使劲往上提，虾一步步向后拖，梭子鱼又朝着旁边池塘拉。

有了共同的目标后，还需要方向一致、齐心协力地去做。一支竹篙难渡海，众人划桨开大船。一个巴掌拍不响，万人鼓掌声震天。行为贯彻的要义，就是统一步调，形成合力，使命必达。

任正非在华为引入IBM的流程时，要求公司"削足适履"，先僵化、后固化、再优化，先按照教条来做，后固化成行为，再优化为自己的东西。这个看似刻板的要求，却成为行为贯彻的超级典范。

没有做不到的事，只有不执行的人。要敢于、勇于突破自己的惯性、惰性、局限性，通过"三省三性"，提高行为贯彻力。

2. 行为贯彻，要开好誓师会。

行为贯彻，贵在雷厉风行，坚决执行。人的行为是受到刺激做出的反应，因此刺激信号越强，反应越大。行为贯彻最重要的是开好誓师会。

一场誓师大会能点燃团队的激情和干劲，让整个团队充满"使命必达，征战必胜"的志气、勇气和底气。

任正非一直用军队理念指导华为前进，用军队作战行动武装华为。在2021年10月，华为举行五大军团组建誓师大会，任正非亲自督战，发言慷慨激昂："我认为和平是打出来的，我们要用艰苦奋斗，英勇牺牲，打出一个未来30年的和平环境……让任何人都不敢再欺负我们，我们在为自己，也在为国家……为国舍命，日

月同光，凤凰涅槃，人天共仰！历史会记住你们的，等我们同饮庆功酒那一天，于无声处听惊雷！"（见图6-9）

图6-9 华为五大军团组建誓师大会

这也许是当今商业世界最具感召力的誓词了，没有之一。五大军团长接旗宣誓，不破楼兰终不还！通过军团制和誓师会，将生产力和战斗力充分释放出来，实现快速反应，提升效率。目前，华为已组建20多支军团，打过"松山湖会战""太平洋会战"等9次重大"会战"。这为华为绝处逢生至关重要。

福来曾协助中国黄金集团构建第二增长曲线，从产业上游延伸到下游，进军终端消费领域，重点打造的第一个灵魂产品就是投资金条。从黄金的开发商到投资金条这是很大的跨度，如何坚定信心？市场怎么操作？为此，特别在北京九华山庄举办中金黄金新春营销恳谈会，邀约行业大咖和全国重点经销商到场，笔者现场进行方案解读，团队信心十足，现场签约踊跃，成功开启全国市场建设序幕（见图6-10）。

图6-10　中金黄金新春营销恳谈会

　　心连心化工集团是福来的客户，董事长刘兴旭也是军人出身，企业军事化管理风格鲜明，成绩斐然。其新年伊始的营销铁军出征仪式，亦是一场雄壮威武的誓师大会，鼓舞将士们攻坚克难、勇敢向前。铿锵有力的铮铮誓言，敢打胜仗的坚强信心，展现了团队"来之能战，战之必胜"的铁血风采，斗志昂扬奔市场。

　　正如杰克韦尔奇在《赢》一书中说：有必赢的心态，执行力才是强大的。

　　明天是人类拖延的最好借口。今天再晚也是早，明天再早也是晚。对于自己坚定追求的，就要迅速行动。动起来，是成功的最基本保障。

● 时间上一以贯之，这是保障

　　1938年5月，毛泽东写下了举世闻名的《论持久战》，回答了全世界人民都在密切关注的两大核心问题：中国能不能取得抗日战争的胜利？能！怎样才能取得胜利？打持久战！

商场如战场。任正非在2013年华为新年献词中说："如果我们能坚持力出一孔，利出一孔，下一个倒下的就不会是华为。如果我们放弃了力出一孔，利出一孔，下一个倒下的也许就是华为。"力出一孔，利出一孔，就是聚焦资源，在时间上一以贯之。在任正非眼里，"力出一孔，利出一孔"这个核心经营理念的"一以贯之"，关乎生死存亡。这是对"一以贯之"无比深刻的洞悉和领悟。

坚守高效肥的根与魂，在化肥零增长，行业低迷的大环境下，逆势飘红，走出了一条高质量发展之路。

寿光蔬菜，坚持举办国际蔬菜科技博览会22年。盱眙县已经连续举办24届盱眙国际龙虾节。横州创办的世界茉莉花大会已连续举办6届。兰格格创办的中国草原酸奶大会已连续举办6届，且不断升级。这些都是福来客户中一以贯之、久久为功、善作善成的典范。

《大话西游》有一段精彩的台词：曾经有一份真诚的爱情放在我面前，我没有珍惜，等我失去的时候，我才后悔莫及。如果上天能够给我再来一次的机会，我会对那个女孩说三个字——我爱你，如果非要在这份爱上加上一个期限，我希望是一万年。这是对爱情"一以贯之"最深情的表达。

方向正确，时间才是朋友。坚守时间，静待玫瑰花开。

1. 日日不断，相信坚持的力量。

中国共产党领导的革命队伍，在被迫进行两万五千里长征时，如果没有坚定的信念和顽强的坚持，哪里会熬过数不清的艰难困苦，哪里会迎来解放全中国的最终胜利？

如果在互联网没有普及时，马云面对困难选择放弃，就没有现在的阿里巴巴；没有20年来咬紧牙关在技术上的大力投入，就没有今天比亚迪在新能源车上的世界级成功。在比亚迪第500万辆新能源汽车下线发布会现场，王传福曾数度哽咽，其中的艰辛，别人无法体会。"外界感觉我们这2年爆发了，其实我们坚持了20年"，比亚迪高管如是说。

一切都是时间的积累，一以贯之，日日不断，相信坚持的力量。电影《阿甘正传》（见图6-11）用3小时讲了一个道理：**坚持比聪明更重要。**

图6-11 《阿甘正传》海报

笔者经常讲一句话："**只要方向对了，一条道走到头，天就亮了。方向偏了，执行越到位，偏差越大。**"在企业思想定心的培训中，笔者经常分享"消志公式"：$(1-1\%)^{365} \approx 0.0255$。一个人在执行中，每天偏差1%，一年后就变成了0.0255，与起始的目标已大相径庭。

坚定方向，坚持到底，就是胜利。你若盛开，蝴蝶自来。兰格格坚持草原酸奶根与魂，吸引茱酸奶、盒马鲜生等品牌主动联姻。好一朵横州茉莉花，持续坚持品牌打造，招来东方树叶、奈雪的茶、茶百道、瑞幸咖啡、茶里王等品牌合作，成为区域公用品牌建设的全国样板。

2. 一以贯之：经营精进，水滴石穿。

伟大都是熬出来的。没有一根筋的偏执，没有超出常人的坚定的意志力与执着，很难成功。执行过程，困难是常见的，挫折也是难免的，唯有咬定目标，坚韧不拔，全力以赴，坚持到底。

福来20多年的咨询经验和教训表明，**与客户达成方案共识并不难，但往往在执行过程中跑偏走样**，这是惯性、惰性、局限性的三性魔咒，也是最大的考验和决定成败的关键。

一以贯之，不是一成不变。在方案执行过程中，福来要深入客户经营，定期进行战略体检和经营寻宝。一方面，做好经营盘点，挖掘亮点，不断强化；另一方面，制订纠偏整改方案，督导执行，护航到位。

以福来长期战略护航的兰格格乳业为例，每年都要召开高层联席会议，针对执行过程中出现的理解不到位、操作不到位、坚持不到位等问题，及时发现，及时纠偏，持续精进，确保做正确的事，正确地做事。

这也是福来方法论的独特之处，**以"战略寻根，品牌找魂"为核心，涵盖战略、品牌、营销和思想的系统理论指引和实践指南，是一套深入客户经营，了解客户事业，设计并升级客户经营，让客户少走弯路的方法体系；并通过持续改善，循环往复，长期服务，不断为客户创造价值，助力客户永续经营，基业长青。**

经营寻宝是执行过程中一项非常重要的工作。外脑要站在外部视角定期进行企业经营寻宝。一方面，把之前做得好但没有坚持的"宝贝"，重新发扬光大；另一方面，把在区域内或组织中有价值的微创新、好实践，战略性放大。

仲景香菇酱推广上的战略手段是试吃规模化。试吃从干豆片卷香菇酱商超试吃，到写字楼、校园、飞机上派发试用装，再到推广其他产品时送上一包香菇酱试用装。仲景香菇酱通过试吃持续精进，战略化、全国化、持续化，实现了从线下到线上，从点到面，全国市场闻香而动，成功开创并引领香菇酱新品类（见图6-12）。

图6-12　仲景香菇酱终端试吃

　　思想定心之"三贯"，借用华为经验就是要先僵化，后固化，再优化。先按照教条来做，再固化成行为，再优化为自己的东西。坚持，坚持，再坚持；执行，执行，再执行。每天进步一点点，一年以后，你的进步超乎你的想象。每天退步一点点，一年以后，你将远远被人抛在后面。这就是"三贯"的力量。

每个决策者都需要一场"龙场悟道"

1508年，王阳明因得罪了当红太监刘瑾，被打了40大板，发配到贵州龙场当驿丞。在龙场驿的小山洞里，王阳明结合历年来的遭遇，日夜反省。终于在某一天半夜有了顿悟：**心是感应万事万物的根本，心即理也，心外无物**。并在此基础上提出了"知行合一"思想。这就是历史上著名的"龙场悟道"（见图6-13）。

图6-13　龙场悟道

知行合一，不仅开创了中国古代哲学思想的新境界和新高度，也为今天的经营管理提供了最好的中国智慧。任何好战略、好方案、好创意，如果得不到好的执行，一切等于零。

心理学上有个"深信定律"，讲的是人如果深信某件事情会发生，这件事就会发生在这个人身上。知行不一，往往是因为还不够深信，还不够坚定，还下不了决心。

所以，福来认为，思想定心在知行合一之中还要加上信，就是知信行合一。信是知和行的连接体，真正知道、坚信不疑、坚决执行"三位一体"，善作善成。

思想定心，**就是要找准根与魂，围绕根与魂做好"经营四定"蓝图，知信行合一。不焦虑、不犹豫、不折腾、不内耗，一条路走到头，天就亮了。**

习近平总书记在多个场合强调，教育要"培根铸魂、启智润心"。福来认为，经营的一切行为，其落脚点都在"寻根找魂、聚智定心"八字经营观上。

黎巴嫩诗人卡里·纪伯伦在《先知》中有一句经典：**我们已经走得太远，以致忘记了为什么而出发。**

决策者要不忘初心，随时回到原点思考，随时回到根与魂上。心不动，知信行合一，功到自然成。

让我们再次谛听500多年前王阳明在龙场山洞的惊天顿悟吧："道在吾心。圣人之道，吾性自足，向之求理于事物者，误也。"

思想定心，知信行合一。每个决策者都需要来一场"龙场悟道"。

经营，是一场有根有魂的修行

在希腊德尔菲神庙的柱子上镌刻着三句箴言，"认识你自己""凡事勿过度""承诺带来痛苦"。

这与《道德经》里的名句如出一辙，"自知者明""知止不殆""轻诺必寡信"。可见东西方哲学在这一底层逻辑上的一致性。

"自知者明"，知易行难，因为人人都有三性：惯性、惰性、局限性。这需要极大的勇气、魄力、智慧和定力，不断地修行和进化。所以老子说："胜人者有力，自胜者强。"

乔布斯是幸运的，他从《禅者的初心》和印度朝圣中获得了智慧和灵感，一次次突破自己，从一个"贪玩、逃课、辍学"的"坏孩子"进化成"改变世界"的企业教父。

修行赋予乔布斯洞见本质的能力、对事物专注的能力、对简洁的热爱，以及"非同凡想"的精神追求。乔布斯找到了自己和苹果公司的根与魂。

人这辈子没法做太多事，所以每件事都要做到精彩绝伦。这就是乔布斯给出的修行答案。

华为凭什么突破美国的全方位打压封锁？

在任正非看来，华为成功的原因是"三字经"：痴、傻、憨。

华为是怎样形成这样一种文化的？任正非回答：傻，不把钱看成中心。中心是理想，理想就是要坚守"上甘岭"。钱不是最重要的。

你可能会说，这都是大企业的故事。苹果和华为的确都是世界级大企业，但它们也都是从小微企业开始发展的。在回答新华社记者"中国有可能成长出许多个'华为'吗"的提问时，任正非说："可以的。第一，小企业做大，就得专心致志为客户服务。小企业不要去讲太多方法论，就是要真心诚意地磨好豆腐，豆腐做得好，一定是能卖出去的。第二，先在一个领域里做好，持之以恒做好一个"螺丝钉"。第三，小企业不能稍微成功就自我膨胀。我始终认为企业要踏踏实实一步一步发展。"

痴、傻、憨，方能扎根守魂，锲而不舍。这是华为的经营之道，也是任正非的修行心经。

痴、傻、憨，也是我们20多年咨询生涯中遇到过的优秀企业家的共有特质。太聪明、太算计的基本都"退居二线"了。

一切皆由心造，万法皆由心生。六祖慧能说："不是风动，不是幡动，仁者心动。"心不定，一切都会动；心定了，一切也会定下来。

静安虑得。如果说儒家关注的是人与人的关系，道家关注的是人与自然的关系，佛家关注的是人与己的关系，那么企业家关注的就是人与物的关系。用心创造伟大的物（产品），进而创造伟大的客户价值，这是经营的本质。儒释道是修行，经营企业也是修行。

生意就是生活的意义。从经营方法到经营心法，从生意场到事业场和修为场，让经营企业成为一种终极追求，成为实现人生价值和承载更高生命意义的终生修行。

借用曾子"吾日三省吾身"的道德修养方法，福来提出企业家的"三省吾身"修为法：

是否有根有魂？是否思想定心？是否真诚对待客户和合作伙伴？

说到底，经营是一场有根有魂的修行。有根有魂，保持初心，坚持下去，一条路走到底，天就亮了。

福来20余年的实践和成长就是典型例证。无论宏观环境如何跌宕起伏、市场如何风云变幻、公司经营如何调整，我们始终坚守正念、正道、正能量，牢牢扎根战略品牌咨询主航道，以中国智慧为灵魂，以"战略寻根、品牌找魂"的福来方法论，为客户创造价值，让客户不走弯路。20余年来，虽也遭遇种种风浪，却始终"咬定青山不放松"，求诸于己，修练内功，依然根深叶茂，赢得了客户的信赖和尊重。

换句话说，福来思想和方法论，首先在福来身上得到验证，福来是福来思想和方法论的第一个客户。

感谢20余年来给予福来信任和支持的所有客户！感谢20余年来给予福来帮助和鼓励的领导、专家与亲朋好友们！感谢为本书题词推荐的各位嘉宾！

特别感谢正和岛副总编辑林定忠先生、中国财富出版社的专业支持和辛勤付出，使本书得以顺利面市。

需要强调的是，本书是福来团队集体智慧的结晶，福来合伙人钟新亮、由海、郝振义、康海龙、何承霖、李程，均参与了本书的创作、设计及市场营销工作。团队是福来最重要的基因、精神和财富，福来的域名flyteam始终如一。根与魂的福来事业，才刚起步。

走，一起吃茶去！